拉姆·查兰
管理经典

# The High Potential
# Leader

How to Grow Fast, Take on New Responsibilities,
and Make an Impact

# 高潜

## 个人加速成长
## 与组织人才培养的大师智慧

| 典藏版 |

[美] 拉姆·查兰 著
（Ram Charan）

杨懿梅 译

机械工业出版社
CHINA MACHINE PRESS

Ram Charan. The High Potential Leader: How to Grow Fast, Take on New Responsibilities, and Make an Impact.

ISBN 978-1-119-28695-0

Copyright © 2017 by John Wiley & Sons.

This translation published under license. Authorized translation from the English language edition, Published by John Wiley & Sons. Simplified Chinese translation copyright © 2025 by China Machine Press.

No part of this book may be reproduced or transmitted in any form or by any means, electronic or mechanical, including photocopying, recording or any information storage and retrieval system, without permission, in writing, from the publisher. Copies of this book sold without a Wiley sticker on the cover are unauthorized and illegal.

All rights reserved.

本书中文简体字版由John Wiley & Sons公司授权机械工业出版社在全球独家出版发行。

未经出版者书面许可，不得以任何方式抄袭、复制或节录本书中的任何部分。

本书封底贴有John Wiley & Sons公司防伪标签，无标签者不得销售。

北京市版权局著作权合同登记　图字：01-2017-3094号。

**图书在版编目（CIP）数据**

高潜：个人加速成长与组织人才培养的大师智慧：典藏版 /（美）拉姆·查兰（Ram Charan）著；杨懿梅译. -- 北京：机械工业出版社，2025.5. --（拉姆·查兰管理经典）. -- ISBN 978-7-111-77620-8

I. F272.91

中国国家版本馆CIP数据核字第20257J7T42号

机械工业出版社（北京市百万庄大街22号　邮政编码100037）
策划编辑：许若茜　　　　　　　　　责任编辑：许若茜
责任校对：卢文迪　张慧敏　景　飞　责任印制：李　昂
涿州市京南印刷厂印刷
2025年7月第1版第1次印刷
147mm×210mm · 7.375印张 · 2插页 · 127千字
标准书号：ISBN 978-7-111-77620-8
定价：79.00元

| 电话服务 | 网络服务 |
| --- | --- |
| 客服电话：010-88361066 | 机　工　官　网：www.cmpbook.com |
| 　　　　　010-88379833 | 机　工　官　博：weibo.com/cmp1952 |
| 　　　　　010-68326294 | 金　书　网：www.golden-book.com |
| 封底无防伪标均为盗版 | 机工教育服务网：www.cmpedu.com |

**献给**

我的 12 个兄弟姐妹。他们和我在同一个屋檐下生活了 50 年。正是因为他们的无私奉献,我才有机会接受正规的教育。

企业究竟靠什么才能构建竞争优势，才能持续创造价值？归根结底，还是得靠人。

识人、用人、培养人，对企业的兴衰成败有决定性的影响，尤其是在这个瞬息万变的时代，无论是规模巨大、增长迅猛的数字企业，还是决心转型、再造辉煌的传统企业，都是如此。

如果你坚信自己有潜力，而且有志成为企业领导者，那么本书能够帮助你更深刻地了解自己，更有针对性地提升自己的能力，更主动地寻找适合自己的发展机会，更有效地解决成长过程中的各种困难、障碍，真正实现持续加速成长。

如果你是企业高管、人力资源负责人或者人才梯队建设负责人，那么本书能够帮助你转换思路，用全新的理念和方法更快更好地识别、培养高潜领导者，帮助企业面对当今时代的种种挑战，取得优势，赢得胜机。

CONTENTS
## 目录

**第 1 章**
### 决定企业未来的高潜    1

企业需要高潜    2
重新定义高潜    3
区分两类人才    10
帮助加速成长    12
高潜工作意义    16

**第 2 章**
### 关键能力及自我测评    17

五大关键能力    18
自我测评工具    19

| | |
|---|---|
| 总体潜力分析 | 21 |
| 关键能力分析 | 22 |
| 如何使用本书（能力篇和个人篇） | 24 |
| 如何使用本书（组织篇） | 27 |

# 能力篇

### 第 3 章
## 提高你的时间回报（关键能力 1） — 30

| | |
|---|---|
| 敢用牛人 | 31 |
| 聚焦重点 | 35 |
| 善用信息 | 39 |
| 授权跟进 | 42 |
| 帮助成长 | 45 |
| 建立机制 | 47 |
| 果断决策 | 49 |

### 第 4 章
## 激发他人及培养他人（关键能力 2） — 51

| | |
|---|---|
| 发掘才华 | 52 |
| 持续培养 | 58 |
| 及时调整 | 61 |

| | |
|---|---|
| 组织协同 | 63 |
| 沟通讨论 | 66 |
| 人际体系 | 69 |
| 高潜案例 | 72 |

## 第 5 章
## 成为创意及执行大师（关键能力 3） 78

| | |
|---|---|
| 优化创意 | 79 |
| 深入思考 | 80 |
| 付诸实施 | 86 |
| 执行关键 | 89 |
| 学习提问 | 92 |
| 高潜案例 | 93 |

## 第 6 章
## 研究客户、对手及环境（关键能力 4） 103

| | |
|---|---|
| 观察客户 | 104 |
| 研究对手 | 108 |
| 解析生态圈 | 115 |
| 预见未来变化 | 118 |
| 追踪技术创新 | 124 |

### 第 7 章
## 提高思考及判断能力（关键能力 5） 127
提升视野格局 128
时刻坚持学习 129
拓展多元人脉 134
随时汲取新知 138
保持动态思维 143

# 个人篇

### 第 8 章
## 适时完成关键性跨越 154
跨越为何有益 155
内部成长机会 163
构建支持体系 166
高潜案例 169
外部发展机会 173
权衡工作机会 176
做好离职规划 179
做好入职准备 180

## 第 9 章
### 争取事业、生活双丰收　　　　184

事业成功　　　　185
生活幸福　　　　186
精神健康　　　　193
坚持初心　　　　195
高潜案例　　　　201

# 组织篇

## 第 10 章
### 选拔培养高潜领导者　　　　206

高潜选拔标准　　　　208
高潜培养方式　　　　212
各级领导支持　　　　216
深入考察研讨　　　　218
招募吸引高潜　　　　222

# 第 1 章

# 决定企业未来的高潜

如果你坚信自己有潜力，而且有志成为企业领导者，那么属于你的时代已经到来。本书能帮助你，聚焦关键能力，把握关键突破，让自己在实战中得到历练，实现自己的加速成长。自己的命运，要牢牢掌握在自己手中。

如果你是企业人才梯队建设负责人，那么改变的时刻，就是现在。本书能够帮助你转换思路，用全新的理念和方法识别、培养高潜领导者，帮助企业在日益复杂多变的环境中胜出。你的工作就是要帮助高潜者（简称高潜）加速成长。

## 企业需要高潜

放眼全球，当前企业领导者最大的焦虑，就是如何在这个复杂多变、充满不确定性的时代不被淘汰。不幸的是，有些企业家，的确难逃厄运。这是为什么呢？因为他们无法自我更新，无法随着时代的变化快速调整自己。不仅是他们，还包括他们的下属，因为这些下属大都是按照传统方式被培养起来的。

唯一不变的，就是变化本身。无论规模大小，大家都意识到，企业需要不同以往的领导型人才，以其突破传统的思维方式及工作方法，带领企业在纷繁复杂的各种变化中寻找机会，主动出击，变中求胜。

正如两三百年前的工业革命一样，以算法、大数据、人工智能为代表的数字技术革命，正在彻底改变着人类社会；以谷歌、脸书、亚马逊为代表的数字化企业，正在彻底改变着人们的生活方式，不断创造着企业市值的新高点。据预测，在未来十年，全球经济总量将在目前72万亿美元的基础上，再增长50%。数字革命才刚刚开始，可以想见，将来会有更多新技术、新企业、新的产品及服务涌现，会给消费者带来全新的客户体验。与此同时，自然也有不能与时俱进的企业，会被时代淘汰。

这个时代属于那些，面对永恒变化、复杂性及不确定性的挑战，还能无所畏惧、越战越勇的领导者。很多企业有这样的高潜人才，但他们往往被埋没在中基层。企业要投入时间精力，挖掘他们、培养他们，帮助他们快速成长。他们或许能帮助企业适应未来的挑战。企业要高度重视这些高潜领导者，否则那些求贤若渴的数字化企业，就会吸引他们加入。

当然，高潜自己也不能从此做起"诸葛孔明"，宅到家里，睡起大觉，等着被发现，被培养，被"三顾茅庐"。如果真的有志在未来成为企业高管乃至一把手，那么从现在起，就要认真思考，自己应当如何做好准备，在哪些方面还需进一步提升？

机会总是青睐有准备的人。

## 重新定义高潜

每个人都有潜力，都可以通过学习来进一步成长提升，但并非每个人都有领导潜质，更不用说要担任大型复杂组织的掌门人了。

时代不同，对高潜的要求也会有所不同。其中最根本的，就是在新时代如何捕捉机会，如何带领组织把握机会。过去，企业成长是渐进式的，是在原有产品及业务的基础上进行改进，比如通过降低成本来提高利润率；通过微调产品来进入相邻细分市场；通过收购同行企业来拓展业务规模。然而，时至今日，企业要想持续增长，不被时代淘汰，就必须突破过去的传统，比如改造原有业务模式，重新构建生态圈，为客户创造不同以往的体验。

不仅要转型，而且还要持续转型。一劳永逸是不可能的，持续自我更新才是新常态。对此，高潜要端正认识，要做好准备。以下三项特质，是当今时代企业领导者必须具备的，因此也是真正的高潜必须具备的：

- 敢于构想大格局：他们能从海量的信息中迅速找到关键所在，并在此基础上，敢于构想大格局。这样的行为，曾经被视为不切实际、异想天开。真正的高潜，不会因为眼下暂时的不可能就轻言放弃，如果单靠一己之力不能实现，他们会借助技术手段，会寻求他人帮助。为了实现梦想，快速做大，他们会无所畏惧，勇往直前。

  谷歌就是这样的公司，它致力于解决全世界最困难的问题。谷歌的 X 实验室高度机密，能让它关注的议题，必须有"改变世界"的可能。它是无人驾驶领域的前驱；开发出了谷歌眼镜，让眼镜具备了智能手机的功能。

这种能力不应是创业公司的专享，每家公司都应该具备。真正的高潜，就有这种能力。

- 勇于突破不可能：有一次给企业家及高管讲课，课上谈到企业应如何搭建顾问委员会。课后，一名年轻人走上前来，问我："您有一分钟时间吗？我的公司不大，相比您通常服务的大企业，在规模上还有不小的差距，但您愿意考虑，做我的顾问吗？"他很有礼貌，同时很直接。虽然他知道，我服务的都是大企业，但并没有因此畏首畏尾。之后我了解到，当时他已经看到了潜力巨大的市场机会，正希望快速扩大公司的经营规模，将之收入囊中。

对于真正的高潜，与对方地位悬殊，根本不是障碍。比如，还是高中生的乔布斯，会因为需要技术帮助，直接找到了惠普公司的联合创始人比尔·休利特。再比如，早在1983年，年轻的帕特·加拉格尔就知道，作为家族的第三代传人，自己将来是要继承家业的。当时他只做过销售，没有管理过公司。为了学习如何做好企业一把手，他找到了规模比自己家族的大得多的麦道公司，向其首席执行官（CEO）认真请教。在帕特的带领下，当年其祖父在芝加哥创建的小公司，现在已发展成为全美第四大保险经纪公司。

- **善于构建生态圈**：不论是过去还是现在，企业或多或少都需要外部合作伙伴，比如在原材料、零配件、生产制造、仓储物流、售后服务等各个环节。

沃尔玛之所以能以低价称雄零售业，在很大程度上有赖于其铁杆供应商的大力支持。沃尔玛的总部位于本顿维尔（Bentonville，美国阿肯色州西北部的一个小城），于是很多供应商就在那里安营扎寨。沃尔玛会为供应商开设培训课程，将自己世界一流的物流管理经验传授给他们，在压缩库存的同时，做到热销产品不脱销。这是经典的三赢：消费者享受了低价，沃尔玛与供应商实现了成长。

数字时代的生态圈也会不同以往。比如，苹果公司的iPod。从功能上看，这只是个音乐播放器，但加上 iTunes，它就从产品形态到定价模式，再到分销渠道，彻彻底底地改变了音乐行业。亚马逊能够通过算法等数字技术来预测客户需求，再通过其生态圈中的合作伙伴把客户心仪的商品送到客户手中。

真正的高潜，有能力构想整个生态圈的全局样貌。

自古英雄出少年，年轻人中有很多高潜的好苗子。目前全球有 5300 万名"千禧一代"正在职场打拼，他们从小就上互联网，用社交媒体，是数字时代的原住民。各种信息唾手可得，全球互联近在咫尺。他们早就习惯了快节奏的生活，能快速获取海量信息，迅速思考构想大局，即时沟通交流互动。他们的沟通方式简单直接，"别废话，说重点"，这与习惯了用 PPT 沟通的前辈们有很大的不同。这些得天独厚的优势，都让他们更可能成为高潜：

- 他们能快速适应变化——当今时代，瞬息万变。他们会亲身经历新兴企业的迅速崛起，也会目睹传统企业的急速沦落。潮起潮落，你方唱罢我登场，企业如此，名流如此，潮流如此，社会习惯也是如此。对他们而言，快速变化是常态。

- 他们有多元社交网络——通过互联网，通过旅行，他们的社交圈子早已突破了以往地域的限制，他们能接触到方方面面、形形色色的人。在这种多元社交网络中，他们的视野及观点会得到极大的拓展。

- 他们梦想着改变世界——对于他们，过去的各种不可能，正在变成可能。一张照片、一段视频，能让人在一夜之间成为万众瞩目的网红；一个大学都没毕业的辍学生，能通过创业，在 35 岁前就身价过亿。他们看到马克·扎克伯格穿着帽衫，在衣装革履的保镖的护卫下发表演讲；他们看到"硅谷钢铁侠"埃隆·马斯克不仅搞出了电动车，还玩起了火箭。这样的传奇天下皆知，正激励着世界各地的有志青年。活着，就要改变世界。

这样的特质，在很多数字化企业的领导者身上表现得尤为淋漓尽致。比如，亚马逊公司的杰夫·贝佐斯、脸书公司的马克·扎克伯格、网飞⊖（Netflix）公司的里德·哈斯廷斯、领英公司的里德·霍夫曼，就是卓越的代表。不

---

⊖ 成立于 1997 年，公司总部设在美国加利福尼亚州，里德·哈斯廷斯是该公司的联合创始人兼 CEO。中国读者很熟悉的《纸牌屋》，就是该公司推出的。——译者注

光是他们,有些传统企业的领导者,也是这样,比如艾尔建⊖(Allergan)公司的布伦特·桑德斯。

高潜不仅能领导业务转型,还能带动组织转型,推动整个公司迈上新台阶。比如,达信(Marsh)保险经纪有限公司,是世界领先的风险管理与保险咨询公司,其首席人力资源官(CHRO)玛丽·安妮·埃利奥特就与该公司的CEO及首席财务官(CFO)组成了核心团队,在引领业务转型、整体能力提升方面,做出了巨大的贡献。具体案例详见第10章。再比如,邦妮·希尔,美国弗吉尼亚大学麦金塔尔商业学院院长及多家知名企业的董事。在担任家得宝⊖(Home Depot)公司首席董事时,她主导了一系列重大调整,成功挽救了公司声誉,重建了公司与股东的关系。

过去的高潜,和现在的一样,都心怀梦想,聪慧过人。在选拔高潜时,当然要达到人品方面等的前提条件,以及沟通方面等的基本要求。过去和现在,都是如此。

---

⊖ 全球领先的制药公司。总部位于都柏林,是肉毒杆菌毒素(Botox)制造商。——译者注

⊖ 为全球领先的家居建材用品零售商,遍布美国、加拿大、墨西哥和中国等国家,全球连锁商店数量超过2000家。成立于1978年,总部位于美国乔治亚州亚特兰大。——译者注

过去选拔高潜，主要是看直接领导推荐，而直接领导最看重的是执行力，即既定目标的达成情况；而且达成目标的结果最为重要，至于过程及原因，则鲜有人问津。善于跟领导沟通、讨领导喜欢、帮领导省心的人，往往会有一定的优势。

但要在当今时代生存，成功带领企业面对复杂多变的外部环境的挑战，仅仅达成业绩目标还是不够的，还必须具备上述关键特质。

## 区分两类人才

这里说的两类人才指的是，高潜领导者和高潜个人贡献者。

有的人，是极具潜力的个人贡献者。他们是某个领域的专家，才华过人，经验丰富。他们喜欢独处，用心思考，专心工作，不受打扰。如果不得已被拉去开会，他们也会特别渴望尽早结束，赶紧回去自己工作。

显而易见，这样的人并不适合做领导。如果被迫走上领导岗位，或许他们也能提升某些领导能力，但这肯定不是他们的兴趣和强项，而且会影响他们在自己专长上的发挥。各种与人相关的棘手问题，各种复杂的人际关系，往往让他们一想就头疼。与其强人所难，不如用人所长，让他们在自己最擅长的领域，以他们自己最喜欢的方式，做个心情愉快、卓有成效的个人贡献者。当今时代，真正的专家，有的是机会发光发亮。

谷歌的第一名员工——克雷格·西尔弗斯坦就是这样的人。他是谷歌创始人谢尔盖·布林及拉里·佩奇在斯坦福大学的博士生同学。还在学校的时候，他就参与开发了谷歌的搜索引擎。后来他在接受《华尔街日报》的采访时，谈到自己的成长历程。他曾经认为，自己应该试试领导岗位，但几个月下来，他就知道"这事不适合自己"，于是急流勇退。他后来成为谷歌公司的技术总监，直到2012年离开。之后，他加入了可汗学院（Khan Academy），一家非营利的在线教育公司，旨在帮助出身贫寒缺乏教育机会的孩子，学习数学、科学、人文、金融等相关知识。

高潜领导者则与之不同，他们不仅看重个人成就，还特别注重带团队，通过激发他人、培养他人来做出比自己单打独斗更为丰硕的集体成果。他们特别愿意倾听源自不同角度的不同意见，特别善于整合来自各个领域的专家建议，集思广益、博采众长，找到更好的解决方案，快速决策，迅速落实。

## 帮助加速成长

领导能力的提升，需要持之以恒的刻意练习。每月、每周、每天坚持学习提升，看似枯燥乏味，实则极为关键。很多CEO的失败，就是在一两个重要技能上出现了短板。但日常的学习提升还不够，还需要适时完成关键跨越，让他们在复杂的、充满不确定性的环境下经受考验，得到历练，快速提升其学习、适应、分析、判断的能力。这不仅能帮助他们加速成长，还能让他们及早做好担任更高领导岗位的准备。

福特公司前CEO马克·菲尔兹年轻时，就是这样的高潜领导者。为了历练自己，让自己快速成长，他会积极争取与众不同的发展机会。当公司在阿根廷举步维艰时，他主动请缨，先是负责营销，之后又全面掌管了当地业务。后来，福特公司在控股了日本的马自达汽车公司后，他又主动要求去日本，接手了一个士气低落、业务低迷、财务状况极为糟糕的烂摊子。正是一个又一个的艰难挑战，极大地锻炼了他在不熟悉的环境中快速诊断问题、找到解决方案并付诸实施的能力。在2016年3月接受《华尔街日报》的专访时，他说："我总是选择挑战。"

到了日本，他很快发现，要想在激烈的市场竞争中杀出重围,除了在产品定价、成本结构方面下功夫,还需要在产品设计方面想办法;要想扭转不利局势,公司各部门、各职能,必须团结一心,相互配合。说起来容易,做起来难。在日本,人们大都谨慎小心,专注做好自己的事,会上发言都被视为禁忌。因此,他必须打破这种沉默,促成跨部门协同,让新颖的创意、相关的信息在组织内部流动起来。他组建了跨部门的团队,鼓励大家畅所欲言,最终统一了思想,带领公司扭亏为盈。

在日本巨大的成功,并没有让他停下前进的脚步。之后,他又主动转战欧洲、北美,也都取得了骄人的业绩。当福特公司传奇 CEO 艾伦·穆拉利于 2014 年退休时,53 岁的菲尔兹成为他的接班人。

在很多公司,高潜领导者的培养还不成体系,缺乏有效的流程、机制和方法。常见的做法就是人力资源部负责,组织高潜培训,参加知名高校主办的高管培训项目(比如国外的哈佛、沃顿商学院,国内的清华、北大、中欧及长江商学院等)、企业内部的短期领导力提升课程,或者为高潜指派导师或高管教练。也有公司会采用轮岗培养,两年一轮,让高潜在不同地区、不同部门得到锻炼。高潜有时得看运气,如果有幸赶上特别赏识自己且愿意培养自己的领导,他们才可能取得真正的快速成长。

有些标杆企业，比如强生、贝莱德⊖（BlackRock）、信达、哈门那⊜（Humana）、联合利华、通用电气等，正在不断与时俱进，探索适应新时代的高潜培养之道。

通用电气的人才管理机制举世闻名。几十年来，通用电气一直坚持召开 C 会议，即公司 CEO、CFO 和各业务领导者，共同讨论高潜的选拔、培养，持续跟进他们的成长情况。选拔高潜，不仅要看业绩结果，也会兼顾个人潜力，尤其要听取了解此人的高层领导的意见。被选为高潜，意味着从此成为公司高管接班人，需要经受一系列的考验和历练。公司会统一部署，安排他们去克劳顿维尔（Crotonville，通用电气著名的领导力发展中心），接受有针对性的实战训练，在跨地区、跨部门同事组成的团队中，共同解决公司面临的实际问题。CEO 及 CFO 会根据每个人的具体特点及现阶段的提升重点，安排合适的工作岗位。有时，会是完全不同以往的全新挑战，比如从内部审计到工业产品部门，或者到医疗健康等。

---

⊖ 也译作黑岩集团，是美国规模最大的资产管理集团，总部位于美国纽约。其早期为全球闻名的股权投资集团黑石（Blackstone）旗下的金融资产管理部门，1988 年在创始人兼 CEO 拉里·芬克（Larry Fink）等人的带领下独立。——译者注

⊜ 诞生于 1950 年，是德国第一乳企 DMK 集团旗下的儿童全线营养和养护的品牌。——译者注

有时，在一番考验及历练之后，韦尔奇会破格提拔高潜，把他们调回原部门，担任比原来高两三级的领导职位。他自己年轻时，就从这样的培养中受益良多。在培养高潜的同时，还要持续跟进他们的成长情况，看业绩、价值观、成长潜力。那些经受了艰难考验，取得了长足进步的高潜，不仅会得到大力的肯定，还会得到丰厚奖励。

很多知名的创业企业家，比如微软的创始人比尔·盖茨、戴尔电脑的创始人迈克尔·戴尔以及脸书的创始人马克·扎克伯格，都是快速成长的典范。随着业务规模及复杂性的快速提升，他们自己也在快速成长。如何管理日益庞大的组织，如何与相关政府部门打交道，如何理解适应外国文化及当地习俗，如何满足全球客户的需求偏好，如何跟进日新月异的技术发展，都是摆在他们面前的艰巨挑战。他们之所以能够取得成功，在全球家喻户晓，就是因为他们坚持学习提升，坚持培养他人。

时至今日，很多公司的高潜人才培养，仍然沿袭着传统：按部就班地，让高潜在同一业务或同一职能部门，一步一步地向上爬；整齐划一地，对所有高潜采用同样的培养方式，比如让他们参加同样的培训项目。在这种方式下，即便是像扎克伯格这样优秀的年轻人，估计也很难脱颖而出；经历数年的磨砺，估计也会泯然众人矣。

继续因循守旧,在不远的未来,公司就会面临窘境,比如重要岗位青黄不接、领导梯队缺乏新鲜血液等。我们亟须反思,大胆改变,用全新的理念和方法,做好高潜人才培养工作。

## 高潜工作意义

前面讲到,新一代的企业领导者有强烈的愿望,想要改变世界,让世界变得更美好。其实,谁不想这样呢?

经济增长能够改善人民生活,企业领导者就是推动经济增长的排头兵。企业领导者的能力越强,企业为社会创造的价值就会越大,人民生活水平的提升就会越快。从这个意义上来说,帮助高潜快速成长,快速掌握有助于他们赢在未来的领导能力,对我们自己,也是有益的事。

发掘培养高潜领导者,助其快速成长,于人于己,于企业于社会,意义都非常重大。

# 第 2 章
# 关键能力及自我测评

如果你认为自己有潜力，且有志成为企业领导者，那么无论别人怎么评价你，无论公司有没有把你当成高潜培养，你都要让自己快速成长。

个人成长，自己负责。公司为你设计的培养路径，也许与你的潜力相比，步伐太慢；也许与你希望重点锻炼的领域，并不匹配。你要主动规划，主动寻找机会，让自己加速成长。

要想加速成长，该从何入手呢？首先要明确，当今时代的高潜领导者需要具备哪些关键能力。

# 五大关键能力

当今时代,不同以往。新时代的高潜领导者必须具备以下五大关键能力:

- 提高你的时间回报(第 3 章)。

- 激发他人及培养他人(第 4 章)。

- 成为创意及执行大师(第 5 章)。

- 研究客户、对手及环境(第 6 章)。

- 提高思考及判断能力(第 7 章)。

本书的第 3~7 章,会为你逐一阐述每项关键能力,并会结合真实的高潜领导者成长案例,为你介绍实用的工具及方法。请一定坚持练习,直至完全掌握。正如优秀的运动员必须刻苦训练,卓越的企业领导者也必须持之以恒。

如何了解自己的领导潜质,如何找到自己应重点发力的关键能力呢?

# 自我测评工具

下面的自我测评工具能帮助你评估自己目前的情况，确定下一步需要提升的重点。

## 专栏 2-1

以下描述，对你是否准确？是否符合别人对你的评价？请就以下每个描述，按 1～5 分评估自己。

1 分：从不这样，完全不符合

2 分：偶尔这样，基本不符合

3 分：有时这样，不太好确定

4 分：经常这样，基本符合

5 分：总是这样，完全符合

| 序号 | 描述 | 得分 |
|---|---|---|
| 1 | 我有非常清晰明确的目标 | |
| 2 | 我很享受指导培养他人 | |
| 3 | 关于公司业务管理如何提升，我有很好的想法，而且一旦实施，作用巨大 | |
| 4 | 对于公司端到端客户体验的全过程，我会定期思考如何优化 | |
| 5 | 我求知若渴，非常喜欢学习新东西 | |
| 6 | 我会密切关注新的技术发展，始终跟进，走在前沿 | |
| 7 | 我坚信，活着就是要改变世界 | |

(续)

| 序号 | 描述 | 得分 |
|---|---|---|
| 8 | 对于分工授权,我很愿意,也很擅长,不会因此而焦虑担忧 | |
| 9 | 对人,我会着重看人所长,而且能帮助对方发扬光大 | |
| 10 | 我有一套行之有效的办法来评估检验自己的新想法 | |
| 11 | 我对重点竞争对手非常了解,对其发展战略、领导团队及客户感受都有深入研究 | |
| 12 | 我很喜欢与人打交道,建立广泛的人脉是我的强项 | |
| 13 | 我能从多种渠道获得信息 | |
| 14 | 我很敢想,敢于突破现实的局限 | |
| 15 | 我带队伍时,会重视过程,会确保大家工作起来效率高且效果好 | |
| 16 | 如果我的队伍中某人不能完成既定目标,我不会听之任之,而是会直接面对,快速解决⊖ | |
| 17 | 在负责项目时,我很善于将复杂项目进行分解,分阶段制定目标,进行管理 | |
| 18 | 对于公司外部的合作伙伴、供应商以及技术平台(如有),我都非常了解 | |
| 19 | 我有很好的阅读习惯和规律,能及时了解很多新事物、掌握新动向 | |
| 20 | 面对复杂情况,我能很快理出头绪,厘清思路 | |
| 21 | 为了达成目标,我会全力以赴,寻求帮助,坚持到底直至成功 | |
| 22 | 我在把握分析重要信息、跟进管理关键信息方面很有一套 | |

---

⊖ 在这里说的"解决",不是简单粗暴地将其淘汰,而是要深入挖掘其不能达成目标的根本原因,根据不同原因、不同情况,用不同的方式加以解决。——译者注

(续)

| 序号 | 描述 | 得分 |
|---|---|---|
| 23 | 在沟通过程中,我倾向于聚焦共同目标及有建设性的解决方案,不做无益争论 | |
| 24 | 大家都知道,我很善于提问,我的问题表述简明扼要 | |
| 25 | 在阅读新闻及媒体文章时,我会发掘潜在的趋势,搜寻具有颠覆性的人与事件 | |
| 26 | 我经常与不同背景的高人深入沟通 | |
| 27 | 我能很快适应融入新的环境 | |
| 28 | 我有大局观,能从更高的视角、更多的维度进行全面思考 | |
| 29 | 我会定期梳理自己管理的工作和队伍,确保人岗匹配,"好钢用在刀刃上" | |
| 30 | 我能有效促进跨业务、跨职能的沟通协同,有力推动组织整体目标的达成 | |
| 31 | 大家都知道,我是个言必行、行必果的领导 | |
| 32 | 我深刻理解技术革新会对市场行业、竞争格局产生的重大影响 | |
| 33 | 我喜欢参加集体学习,比如研讨、论坛以及培训课程 | |
| 34 | 我的社交圈子非常多元化 | |
| 35 | 我喜欢帮助身边的人提升状态、提高能力 | |

# 总体潜力分析

做完测评,如何分析结果,更好地了解自己在多大程度上具备成为高潜领导者的潜力呢?请把下面10道题的得分抽取出来进行加总,看看自己的总体潜力如何。

| 自我测评得分 | | 自我测评得分示例 | | 高潜领导者测评——总体潜力 | |
|---|---|---|---|---|---|
| 序号 | 得分 | 序号 | 得分 | 测评总分 | 总体潜力分析 |
| 6 | | 6 | 4 | 41～50 | 很高 |
| 7 | | 7 | 5 | 31～40 | 高 |
| 13 | | 13 | 3 | 26～30 | 一般 |
| 14 | | 14 | 5 | 10～25 | 低 |
| 20 | | 20 | 4 | | |
| 21 | | 21 | 4 | | |
| 27 | | 27 | 4 | | |
| 28 | | 28 | 5 | | |
| 34 | | 34 | 3 | | |
| 35 | | 35 | 5 | | |
| 总分 | | 总分 | 42 | | |

# 关键能力分析

比总体潜力分析更有指导意义的，是可以通过测评来对照当今时代高潜领导者必备的 5 项关键能力，看看自己应该把时间、精力放在哪个方面，让自己的能力得到最大的提升，让自己的潜能得到最充分的发挥。

| 提高自己的时间回报 | | 激发他人及培养他人 | | 成为创意及执行大师 | |
|---|---|---|---|---|---|
| 序号 | 得分 | 序号 | 得分 | 序号 | 得分 |
| 1 | | 2 | | 3 | |
| 8 | | 9 | | 10 | |
| 15 | | 16 | | 17 | |
| 22 | | 23 | | 24 | |
| 29 | | 30 | | 31 | |
| 关键能力 1 总分 | | 关键能力 2 总分 | | 关键能力 3 总分 | |

| 研究客户、对手及环境 | |
|---|---|
| 序号 | 得分 |
| 4 | |
| 11 | |
| 18 | |
| 25 | |
| 32 | |
| 关键能力 4 总分 | |

| 提高思考及判断能力 | |
|---|---|
| 序号 | 得分 |
| 5 | |
| 12 | |
| 19 | |
| 26 | |
| 33 | |
| 关键能力 5 总分 | |

## 关键能力分析举例

| 提高自己的时间回报 | |
|---|---|
| 序号 | 得分 |
| 1 | 3 |
| 8 | 4 |
| 15 | 3 |
| 22 | 4 |
| 29 | 2 |
| 关键能力 1 总分 | 16 |

| 激发他人及培养他人 | |
|---|---|
| 序号 | 得分 |
| 2 | 5 |
| 9 | 5 |
| 16 | 4 |
| 23 | 5 |
| 30 | 4 |
| 关键能力 2 总分 | 23 |

| 成为创意及执行大师 | |
|---|---|
| 序号 | 得分 |
| 3 | 3 |
| 10 | 1 |
| 17 | 3 |
| 24 | 4 |
| 31 | 3 |
| 关键能力 3 总分 | 14 |

| 研究客户、对手及环境 | |
|---|---|
| 序号 | 得分 |
| 4 | 3 |
| 11 | 4 |
| 18 | 3 |
| 25 | 3 |
| 32 | 4 |
| 关键能力 4 总分 | 17 |

| 提高思考及判断能力 | |
|---|---|
| 序号 | 得分 |
| 5 | 5 |
| 12 | 5 |
| 19 | 2 |
| 26 | 5 |
| 33 | 4 |
| 关键能力 5 总分 | 21 |

这样的测评结果意味着什么呢?

这说明，此人的强项是：关键能力2——激发他人及培养他人，关键能力5——提高思考及判断能力。相对而言，其弱项是：关键能力3——成为创意及执行大师。对于这项关键能力，需要认真思考如何重点提升。除了这3项，你会发现，此人在关键能力1——提高自己的时间回报方面，得分也不太高。也许他可以考虑从这项关键能力入手，因为提升之后，可以创造出更多的可用时间，用于其他关键能力的提升。

此外，在分析结果时，还要深入每个具体描述，看看自己的强项和弱项有哪些，各项之间是否有内在的联系，是否有什么规律，是否存在什么模式，从何入手，提升效果最大。

## 如何使用本书（能力篇和个人篇）

如果你坚信自己有潜力，而且想提升自己，那么本书能帮助你。

因为我写这本书的目的，就是帮助你持续快速成长，有针对性地提升自己的能力，主动寻找合适自己的发展机会，适时完成关键性突破，以及有效解决成长过程中的各种困难障碍。总之，每3～4年，你都要让自己的领导能力、工作效能大幅提升，实现翻番式的成长。

过去，掌控信息，就是掌握权力。现在，有了互联网、社交媒体，信息壁垒已被打破。只要你想，你就能通过各种渠道获得海量信息，就能借助互联网与各个国家、各个行业、各个领域的人建立联系。在这个快速变化的世界里，每时每刻都有新的机会出现在你面前，你完全可以了解得更多，学习得更快，成长得更好。

阅读本书，无须按章节顺序来。

第 3～7 章。每章都聚焦一项关键能力，你完全可以按照自己的需要，有针对性地选择阅读。刚开始时，建议不要贪多，不妨先从其中的 1 项或 2 项入手。

建议每周复盘，花 15～30 分钟回顾过去一周的进展情况，规划未来一周的提升重点。好记性不如烂笔头，做个成长笔记，哪怕简明扼要地记几个关键词也好。我口袋里总有个小本子，什么想法心得，随时都会记下来。用手机记个笔记，也是不错的选择，重要的是让学习成为一种习惯。

霍尼韦尔公司前董事长兼 CEO，拉里·博西迪⊖就有

---

⊖ 拉里·博西迪与拉姆·查兰是《执行》一书的合著者，《执行》中文版已由机械工业出版社出版。——译者注

个习惯，每周日花 1 小时，把自己的每个直接下属的表现回想一遍，想想他们目前的工作情况，需要在哪些方面提升，如何才能更好地人尽其才。他不愧是识人用人的大师，当年他在退休前，为公司选择继任者——高德威⊖（Dave Cote）就是非常英明的决策。

第 8 章。这一章则向你阐释了如何适时完成关键性跨越，实现自己的加速成长。如果内部机会合适，换个岗位就能达到挑战历练的目的；如果内部机会不给力，也许就只能换个工作，谋求向外发展。在选择关键性跨越时，不要只看职级，要把关注点放在能力提升上。如果在新岗位上感觉不适应、不顺手，就要想想应该如何面对。既然称得上"关键性跨越"，自然有困难、有挑战、有风险，而且自然会有人出于误解或嫉妒对你冷嘲热讽，甚至暗下冷箭。对于这些纷纷扰扰，你要有足够的心理准备。

第 9 章。要想实现梦想，的确需要付出努力，做出牺牲。但人生不只有工作，你要平衡好事业与生活。在生命的不同阶段，平衡的含义会有所不同。必要时，也许得停下来，重新定义一下，什么才是你真正想要的成功。

---

⊖ 在博西迪退休后，于 2002 年开始担任霍尼韦尔公司的董事长兼 CEO。——译者注

# 如何使用本书（组织篇）

**第 10 章**。如果你是领导梯队建设工作的负责人或相关领域的人力资源专家，请直接跳到本书的第 10 章，即讲述了当今时代，企业应用什么样的理念与方法选拔培养高潜领导者，才能在这个日益复杂多变的环境中胜出。

人力资源部门必须转变理念与方法，必须赢得各级领导的支持，与业务领导一起以新的标准选拔高潜，用新的方法培养高潜。不能搞"一刀切"，而是要把高潜视为独特的个体，量身打造最具针对性的培养方案。这样做的确需要花费更多的时间精力，但从人才梯队建设、组织效能提升的角度出发，这样的投入是非常值得的。

遇到阻力，你需要直接面对。比如，你必须帮助大家统一思想，让他们认识到高潜人才是属于整个公司的重要资源，而不是专属于某位领导的个人资产。高潜人才的招聘、选拔、培养、任用，要从公司整体大局出发，以公司整体利益为准。各级领导不能为了本部门的自身利益，长期霸占潜力高的下属，阻碍他们的快速成长。

遇到困难，你需要发挥创意。比如，如果暂时没有合适的岗位让高潜人才完成关键性跨越，可否考虑让他们负责某个重点项目，或者跟某位资深领导一起拜访客户。有些公司，已经开始这么做了。有一年，麦肯锡咨询公司全球总裁鲍达民先生每次在拜访客户时，都让两名高潜一起参加。这样的经历能帮助年轻人迅速拓宽视野，提升格局。印度一家大型工业企业会要求高潜自己动手研究行业及宏观大势；然后再与高层交流，探讨公司发展战略，提出自己的想法建议。这种高潜与高层的交流互动，不是走形式，不是吹捧附和领导的英明决策，而是要让高潜提出自己的独立思考。

理想丰满，现实骨感。

一方面，你要清楚地认识到，是高潜就会渴望快速成长，一旦成长停滞或放缓，他们就会觉得没劲，就会考虑离开。为了帮助最具潜力的好苗子加速成长，也许必须打破常规、扫清障碍，为他们创造适合的成长机会，给他们有效的激励，把他们用好留住。

另一方面，你还要兼顾组织内部的和谐稳定。年轻人晋升得过快，自然会引起有些人的不满，尤其是那些要向高潜汇报的直接下属们。在他们看来，这些人年纪比自己小得多、资历比自己浅得多，还没有在类似的岗位上证明过自己，凭什么做自己的领导。面对这种情况，需要帮助高潜快速提升自身的情商及人际能力，需要从全局着眼，妥善处理。

# 能力篇

The High Potential Leader

第 3 章

# 提高你的时间回报（关键能力 1）

作为高潜，也许你最大的痛苦，莫过于时间不够用。本职工作已然很多，为了进一步发展，你还得争取更大的挑战、更重的职责。想做、能做的事情很多，但总没时间逐一实现。

现实就是如此，一天时间就这么多，总不能不眠不休吧。一味多干苦干，既伤身体又影响家庭，绝非上策。那该怎么办呢？

你需要换个思路，正如做投资的人要看投资回报率，在工作时间总量有限的前提下，你要思考如何提高自己的时间回报率（ROYT[一]），即中国人讲的事半功倍。这样你才不会陷入只顾埋头拉车，无暇抬头看路的困境，才能真正腾出时间精力，提升自己、提高业绩，为今后的发展奠定扎实的基础。

具体怎么做呢？

## 敢用牛人

我曾在哈佛商学院教书，不少学生日后都成了企业高管，而且有几位特别突出，四十多岁就成为全球大企业的CEO。我决定拜访他们，去了解他们的成长经历。其中有一位，当初我还给了他低分，但他完全没有记恨在心。接到我的电话，他特别客气，不仅同意见面，还盛情邀请我住在他家。他说："需要了解什么，您尽管问，我一定知无不言，言无不尽。"

我愉快地接受了邀请。当晚，我们在他家吃完晚饭，然后喝着红酒聊了起来。我先是道歉，因为当初给了他低分；他说没事，因为在我的课上，他学到了很多。接下来，

---

[一] ROYT 是"return on your time"的缩写，即时间回报率。——译者注

我问了他两个萦绕于心多时的问题：你为什么能成长得这么快？有什么成功经验可供学习借鉴？他深思了片刻，然后回答说：

"毕业工作后，我意识到自己最重要的资源是时间，于是我开始思考，怎样才能创造更多的时间，怎样才能让自己空闲下来。后来我想到了三个方法。第一，招正确的人，把他们放到合适的岗位上。第二，如果不能胜任，一经发现立即解决。做到这两点后，我发现自己的时间开始多了起来。第三，提前六个月规划哪些工作以后不必亲力亲为，这些工作今后交给谁做，以及在未来六个月的时间里，怎样帮助他们做好接手的各项准备。"

这名学生深深懂得提高自己的时间回报率让自己事半功倍最重要的抓手，不是资金预算、机制流程，而是人。无论是订战略，还是抓执行，谁来做才是成败的关键，但有些企业领导出于种种原因，在人才招聘、培养及晋升方面，总是不够重视。有时，手边更紧急的事占据了他们的时间；有时，他们用人主要看关系，而不是看技能；有时，他们虽然对某人不满意，但苦于也没有更好的，只好将就下去。

要想打造战斗力强的团队，让下属个个成为精兵强将，需要你有决心、有毅力，真正在人的方面花时间。当然，你会需要人力资源部门的支持，也许还会用到猎头，但归根结底，你要发自内心地，把建班子、带队伍当作自己的工作职责。你在这方面做得越好，你就越能提升自己，越能胜任更高的岗位，越能承担更多的职责。

首先要做的就是充分理解岗位要求，不仅看当前要求，也要思考未来变化，然后再以此为依据，全面客观地考察人、评价人。以销售代表为例，如果能兼具扎实的产品知识及良好的人际能力，通常都能成为不错的销售。但如果企业的销售模式变了，从单纯卖产品，变成为客户提供综合解决方案，那么过去业绩出众的销售就不一定能继续保持佳绩，因为综合解决方案对人的要求更高，不仅要求更全面的业务技能，也需要一定的战略思考能力。

对于领导岗位的人选，更需要以发展的眼光看问题。比如，未来的岗位职责及要求可能比现在更高；再比如，未来的市场环境可能比现在的挑战更大，需要领导者推动变革。有些身处成熟行业的制造企业，也许需要业务拓展，在生产制造的基础上向运营服务延伸，如果此时企业高层全是制造出身，那么在推动业务转型方面，就可能会出现心有余而力不足的情况。

如果你有追随自己多年的铁杆班底，而对任用外人心存疑虑，你就要扪心自问，究竟是什么阻碍了你广纳贤才。如果是担心自己看人不准，不敢招人，那么你就得锻炼自己。招人时，多方考察，仔细筛选；入职后，结合实际，认真复盘，总结经验，吸取教训。总之，要通过实践有意识地提升自己的识人能力。

如果是因为没招到合适的，那么你就得更加持之以恒，绝不能轻言放弃。我自己就知道有位全球大公司的CEO，为了找到合适的研发副总，苦苦寻觅了两年。当时来自董事会的压力很大，但他没有妥协，没有放弃。他深知，研发对于企业的生死存亡至关重要，在挑选研发领导者的问题上，绝不能凑合。

更常见的原因是恐惧。如果下属比自己强，相形之下，岂不显得自己很弱吗？这对于企业一把手，可能还不是个大问题，但对于中基层领导，这是实实在在的威胁。作为高潜，你要克服这样的心理障碍，要敢用牛人。Zillow⊖公司的CEO斯宾塞·拉斯科夫在接受《纽约时报》记者——亚当·布莱恩特的采访时说："据我观察，初级经理最容易犯的错误是，他们招来的往往都是不如自己的人。这可能是能力问题，即识人能力有待提高；也可能是

---

⊖ 创建于 2005 年，是美国著名的房地产信息网站，主要服务于业主、购房者、售房者、租赁人、房产经纪人、抵押专业人员、房东以及物业经理等群体。——译者注

心理问题,即不愿意自己的下属比自己牛。"[一]

当今时代,生怕下属脱颖而出,风头压过自己的人因缺乏自信,不敢招牛人,不敢对其委以重任的做法,对企业、对自己都危害极大。"一招鲜吃遍天"的时代已经过去了,你需要借助多种技能、多元化人才的组合,才能达成卓越的业绩。因此,你要时时提醒自己,不要重复前人常犯的错误。招人用人,就要用精锐部队,用至少在某个领域比自己强的牛人。有了团队的支撑,你才能更好地提升自己,担当更多的职责。

## 聚焦重点

很多高潜对自己的要求很高,想做的事很多,而且要做就得面面俱到,每件事都得精益求精。这样一来,由于做的事太多,分摊到每件事上的精力似乎总不太够。换个思路,你会发现,如果只聚焦在关键的几件事上,自己的工作效率及工作成果都会大幅提升。那么,如何聚焦重点呢?就要从工作目标出发,结合当前实际,分析判断哪几件事是决定成败的关键。这是非常重要的领导技能,必须

---

[一] Adam Bryant, "Don't Be Scared to Hire Someone Better Than You," *New York Times*, Deccember 19, 2013.

坚持练习，不断精进。

需要特别提醒的是，工作目标与工作重点并不是一回事。在我看来，工作目标是你希望达成的业绩结果。有时工作目标是你自己定的，有时是别人定好了交给你的，但无论目标是谁定的，你都要了解清楚，理解到位。

好的目标通常不是单一维度的，比如简单地要求提高销售或降低成本。企业经营是一个整体，目标制定应当从全局出发，追求整体最优。如果只是片面强调某个维度的快速提升，不仅会以偏概全，伤及整体，有时还会导致短期行为，甚至是投机取巧、弄虚作假。

工作重点是达成目标的路径和步骤。为达成目标，要做以及能做的事很多，你要结合企业内外部的情况，综合分析，判断什么事是最重要的。举个例子，假如你是通用汽车公司某业务部门的负责人，你的业绩目标是，在未来3年将市场份额提高1%，运营成本下降3%，现金流增加5%。在很大程度上，业绩目标的达成取决于与日本车企的竞争态势。如果日元持续大幅贬值，日本车的售价就会随之显著下降，日本车的市场竞争力就会大幅提升，就会极大地冲击美国车的市场份额。如此一来，通用汽车公司也难以幸免。鉴于这样的行情预判，你应当如何破局？也许调整产品结构是个办法。哪些车型会受冲击较大，则这类产品的市场份额目标可适当下调；哪些车型会受冲击较小，仍然保持较好的利润空间，则这类产品可加强推广。由此可见，基于日元大幅贬值的外部变化⊖，你的工作重点应放在调整产品结构上。

把握工作重点，还要考虑时间维度，比如这个月、这个季度、今年以及未来3年分别要达成哪些目标？尤其不能为了短期目标的达成，忽略了长期目标的工作。换句话说，为了达成年度或3年的长期目标，现在需要启动哪些准备工作？（不积跬步无以至千里，要达成长期目标，现在就要开始行动。）

把握工作重点，也是一个持续调整、不断优化的过程。不妨把要做的事列个清单，然后分分类，理理头绪，想想哪些事可以交给其他人负责。时常审视自己的工作清单，从中筛选出对自己工作目标达成最为紧要的工作重点。既然是重点，数量就不能多，3～5项足矣。一旦明确，就要聚焦，就要持续跟进落实，这就是高效执行的核心。

---

⊖ 这是2011年至今的实际情况，日元兑美元汇率，贬值约40%。——译者注

在把握自己的工作重点时，是否要考虑领导的要求呢？

当然要考虑。每个人都有领导，即便是企业的 CEO，也要向董事会汇报。有时，领导或其他人临时交办的紧急事务会占据你的时间精力，让你无法聚焦工作重点。这该怎么办呢？你需要学会说不，尤其是那些极其耗费心力的事；对于那些不能推掉的事，可以尝试延长期限。要不然一查邮件、一接电话，就会迎来一堆事。总之，你要时刻提醒自己，必须聚焦重点。

有时领导跟你想的不一样，又该怎么办呢？

作为高潜，你有可能比领导对外部变化更为敏感，对内部情况更加了解，看问题更全面，学新知更主动，这些长处可能源于你过去的学习训练，或者是你现在的职责分工，或者是你建立的人脉网络。如果你的领导也努力学习，快速成长，那还好；如果你的领导关注面相对较窄，只关心当期目标，那你就要特别注意，一定要跟领导处好关系。绝不能因为自己在某些方面似乎比领导强而表现得沾沾自喜，更不能骄傲自满；领导交办的重点工作，你必须认真对待。要知道，领导也有领导的业绩目标，全力支持领导达成目标，是与之保持良好关系的基础。你可以尝试逐步影响领导，但要把握好分寸，不能让自己与领导的关系毁于一旦。

此外,你还要像我的学生那样,定期回顾自己的工作重点,看看哪些事的重要性已大幅下降,将来可以不做了;在那些还得继续做下去的事情中,哪些以后可以不必亲力亲为了。如果决定这些事今后将由别人接手,那么就要早做打算,因为无论是招新人来做,还是培养人来做,都需要时间。如果你按前文所说,真的敢招牛人、敢用牛人,你就会发现,越是有发展潜力的人,就越渴望学习成长的机会,就越渴望接受新的挑战和承担新的职责。

## 善用信息

现在是信息爆炸的时代。这对学习而言固然是件好事,但大量信息也会让人应接不暇,出现信息过载,导致"信息疲劳综合征"[⊖]。有意思的是,就连那些教人如何管理时间的"鸡汤"及成功学,也都铺天盖地。很显然,你不能事无巨细,样样关心。怎么办呢?

对我而言,信息定制是个有效的办法。很多网站都有这样的搜索及信息定制服务,只要输入你关心的企业、行

---

⊖ 信息疲劳综合征(information fatigue syndrome,IFS),是指因需要处理过多数量的信息而导致的倦怠和压力。——译者注

业、技术、市场等关键词，这些网站就能定期把相关的重要信息发送给你，可以节省你很多时间。比如，《金融时报》[一]就在其网站 ft.com 上推出了这样的服务，读者可根据很多选择来定制自己需要的要闻推送。高端用户还可以选择最多 30 家企业，进行重点关注。谷歌也有类似的服务，而且是免费的。如果你喜欢看实体报刊，读读《华尔街日报》《金融时报》也是不错的选择，比如《华尔街日报》头版的左手边就有个名为"What's new"的专栏，从这里入手，可能省下你不少时间。

我每天都会留出专门的时间，阅读定制的要闻推送，边读边把之后打算细读的部分标注出来。一天之中，总有很多碎片时间可以好好利用。路上堵车、飞机延误，都是可以阅读的好时光。

日常工作中无疑会用到很多数据及信息。几乎每家公司都有信息化管理，会生成很多业务指标、财务数据以及更为具体的过程管理信息。这些数据及信息非常有用，能很好地说明工作进展的实际情况，你需要具备很强的分析

---

[一]《金融时报》(*Financial Times*，FT)，是总部位于英国伦敦的国际性金融媒体，创办于 1888 年。该报在伦敦、法兰克福、纽约、巴黎、洛杉矶、马德里、香港等地同时出版，为读者提供全球性的经济商业信息、经济分析和评论，由该报创立的伦敦股票市场的金融指数更是闻名遐迩。——译者注

能力，能从中发现关键洞见；还需要具备很强的沟通能力，能把分析结果清晰地呈现出来。

但林林总总的信息，也会让人难以招架，不知从何入手。怎么办？你要主动思考，哪些信息最重要，你必须知道；针对这些信息，汇报频率怎样合适？有些关键信息也许不是公司信息系统自动生成的，这就需要你找到源头，并设计好的记录方式及呈现形式，数据也好，图表也行，总之要便于今后的对比分析。

在日常管理中，很多公司有各种内部报告，在有些公司中，这样的报告实在种类繁多，领导都读不过来。如果这样，可否系统性地分析这些报告，看看哪些真的需要，比如有些报告，写好了几乎没人读，能否考虑取消；如果真的需要，多长时间出一份报告合适，比如某份周报，一个月也读不了两回，能否改成月报或者双周报？这样一来，无论是写报告的下属，还是读报告的领导，都能省出不少时间。

的确不是每份报告都有读的必要。每当你收到新的报告，或者是要求下属准备新的报告时，你都要想想，究竟是否必要。不妨告诉写报告的下属："这份报告，每月第一天给我。如果真的特别重要，我会告诉你。如果到某月某日，我还没说，以后就不用写了。"

有人把电子邮件戏称为"工作中的AK-47",稍不留神就会被其撂倒,打成筛子。在战场上,对AK-47必须谨慎小心;在工作中,电子邮件也必须严加防范,否则你就会哀叹"时间都去哪儿了"。怎么办?有几个小建议可供参考。比如,每天工作的第一个小时,不查邮件,完全聚焦重点工作;每天设定"无邮件时段",不受打扰,专心工作;设置邮件自动分类,涉及重要事项、重要项目的,优先处理。(在中国,更具"杀伤力"的,估计是微信。)

## 授权跟进

既然要聚焦重点,把自己的时间精力放在最重要的工作上,就要授权,把其余的工作交给他人完成。授权往往是说起来容易,做起来难,尤其是对于高潜,你会觉得没人能比你做得更好。但如果不分工授权,凡事都大包大揽,最终你还是会因为实在忙不过来,而不能把每件事都做好。强生公司的CEO亚历克斯·戈尔斯基回忆说,分工授权对于他也是个挑战,但后来他终于领悟到,对于领导,"重要的不是自己做了什么,而是组建能力互补的团队,通过他们完成工作"。⊖

---

⊖ Knowledge@Wharton, "Leadership Challenges at Johnson & Johnson," January 9, 2014.

那么，如何通过他人达成目标呢？你是用赋能的方式，帮助他人成功成长；还是用职场魔头的方式，提各种不合理的要求，威胁强迫他人？采用什么方式，非常重要。

要做好分工授权，绝非只分配工作这么简单。在分配工作前，要考虑此人是否有能力做好；在分配工作后，要跟进工作进展的具体情况。如果等到最后时限才发现很多问题，再怎么发飙，也于事无补。好的做法是：在分配工作时，要落实到具体责任人；在确定人选时，要保证此人有能力完成；在工作推进时，要给予必要的指导、帮助及培训；在出现问题时，要留出时间共同探讨、帮助解决。

在落实责任人时，无论这项工作需要多少人通力协作，最终负全责的应该是某一个人。这样才能职责明确，决策及时，才能确保整体性和大局观。你要与之充分沟通，说明这项工作的来龙去脉及背景情况，明确工作目标及最终成果，再从成果出发倒推完成工作所需的关键步骤，以及过程中可能遇到的困难及障碍。在沟通时，要特别注意把你衡量成果的标准说清楚。如果这项工作还需要团队协同，那么你就要跟相关各方做好沟通工作，让他们也充分理解你的期望与要求。

很多人认为布置完工作、讲清楚要求，自己要做的就干完了。世上哪有这样的好事呢？在此，你要铭记于心的是，高效执行的关键法则——跟进确认。在工作推进的过程中，会出现各种状况。启动时，雄心万丈；过程中，不期而遇的困难、难以逾越的障碍，不免会让人心生疑惑，甚至心灰意冷。比如，项目推进需要其他部门提供信息，但人家就是不配合；比如，新品研发项目亟须工艺部门给予专业支持，但对方也抽不出人手；比如，因为外部市场突发情况，项目预算亟须追加；再比如，项目推进到一半，才蓦然发现，有些项目组成员还没有真正理解工作目标。

作为领导，你要定期跟进执行过程，及时发现问题、解决问题。无论是打电话，还是开见面会，你的跟进都要深入具体，不能浮于表面、敷衍了事。比如，当问及某项工作的进展状况，该负责人说"挺好"时，你不能就此打住，要深入挖掘实际情况。你可以接着问：在工作推进过程中，哪些方面好于预期？哪些方面存在风险，有可能影响工期？问这些问题的目的，是让自己真正了解实际情况，而不是没事找碴，借机训斥下属。其实，定期跟进也是个激励下属的好机会，看到成绩及时肯定，能极大地鼓舞下属的士气。

主动授权，让下属分担更多的职责，能促进下属快速学习提升。作为团队领导，下属得到了历练，你也就得到了成长；下属能分担的职责越多，你能承担的责任也就越大。中国人讲"水涨船高"，就是这个道理。

## 帮助成长

通常，你得有一技之长，才能走上领导岗位，比如技术大拿或者销售大牛。正因如此，在遇到问题时，下属才会来找你帮忙，请你出手解决。但作为领导，你不能总是这样，你要有意识地重新定位自己，让下属意识到你的职责不是替他们解决问题，而是帮助他们成长，提升他们自己解决问题的能力。因此，你要清楚界定，自己应该在什么事情、什么时机通过什么方式帮助下属。

帕特·加拉格尔是家族的第三代传人。当年其祖父在芝加哥创建的小公司，现在已发展成为全美第四大保险经纪公司，公司估值高达80亿美元。他14岁就开始在家族企业工作，最初帮着整理档案，后来开始业务实习，大学毕业后成了销售代表。当家族在考虑第三代传人时，他的父亲和叔叔很自然地选择了他。

回忆自己的成长过程，他就经历了这个转变。"刚做销售时，需要做很多陌生拜访，说服对方让我们帮他们规划保险。自打一开始，我就特别喜欢，而且做得特别好，销售业绩在全公司名列前茅。"

几年后，其父亲和叔叔决定让他执掌销售部门。"销售管理与自己跑销售是两回事。我要做的不是自己一单一单地跑业务，而是充分利用自己的专业能力，帮助更多的销售服务好更多的客户。"

具体怎么做呢？他举了个例子："当时有一家客户是做大型工程设备的组装及运输的。最早这是我的客户，后来我做了销售主管，就交给了另外一名销售负责。他也谈得不错，但就是没能将之拿下。我想借助自己作为家族成员的特殊身份，没准能帮着完成临门一脚，于是就跟他一起去拜会了客户。尽管我们的提案做得很好，但客户似乎还是很不放心。是不是因为我们俩都看着太年轻了？看来是时候让我父亲出马了。我父亲对这位客户说：'你知道我是极为珍视家族声誉的，要是我儿子和他同事的这个提案对你不利，我是绝不会允许他们向你推荐的。'客户听罢，终于放下心来，之后的业务就非常顺利了。

"在这件事上，我的价值体现在两个方面：一是作为销售经理，我让客户感受到自己对下属做的提案充满信心；二是能够审时度势，在临门一脚的关键时候，把握到了关键问题（不是提案不好，而是客户不放心），并动用了关键资源（请父亲出马），解决了问题。最后的结果，可谓皆大欢喜。"

由此可见，在他人需要的时候，领导可以有多种方式提供帮助，可以是像加拉格尔那样调动关键资源，也可以是推动沟通、解决冲突等。总之，领导的职责并非凡事都要亲力亲为，而是帮助他人做得更好。

## 建立机制

初到一个新的领导岗位，你需要熟悉很多既定的规章制度。时过境迁，其中难免有些已不再适用。作为高潜，你也许对那些流于形式的报告会议、冗长低效的决策流程深恶痛绝。如果这些繁文缛节能被取消、精简或由系统自动生成，就能为你和你的团队省出很多时间。如果你能很好地分工授权，那么决策层级也能大幅减少。

没有规矩，不成方圆。无论组织大小，必要的制度流程还是得有的。你要做的，是从信息交流、团队沟通以及决策效率的角度来思考，如何梳理流程，形成机制。

举个实战案例，某企业高管为了做出正确的营销决策，需要了解来自销售一线的市场情况，但一线销售人员与他之间还隔着三层领导，结果层层上报，不仅信息失真，而且时间滞后，很容易贻误战机。面对这种情况，这名高管决定建立新的机制，实时收集汇总一线数据，并且每周定期与各门店经理进行电话沟通。

20世纪90年代初，沃尔玛创始人山姆·沃尔顿创建了一个新的管理机制，即每周公司高管会与30名区域经理开电话会议。这30名区域经理是公司区域经理的部分代表，被选中参会是因为他们前一周调研了竞争对手的门店。在这个电话会议上，大家会分析对手的商品选择、陈列及定价，也会讨论各自门店里热销和滞销的产品。通过每周一次的定期交流，公司最高决策层能够及时把握市场动态，必要时，还能迅速做出业务调整。

当今时代，数字技术及算法已彻底改造了零售业。你需要思考，如何借助新的技术，及时准确地收集信息、分析数据，并形成预判。有了这样的实时自动分析，也许的确不需要每周开大会，各自汇报上周工作情况。基于自动分析结果，就具体问题开一个简短的碰头会，也许就够了。

在设计机制流程时，要有发展的眼光，要确保其能支撑更大的业务规模，否则你设计的机制流程就会制约业务的发展。有些机制流程是共通的，也适用于你的下一个领导岗位。

## 果断决策

要想提高自己的时间回报率，就必须能够果断决策。善于分析固然好，但如果只分析不决策，总想再收集更多的数据信息，再考虑更多的备选方案，那么你就陷入了无底洞。这样犹豫再三，即便最终做了决策，估计也是为时已晚。

很多这样的领导者，往往讨厌不确定性，但不管接受与否，现实就是这样。当今时代就是充满不确定性的，有些信息就是模棱两可的，有些变化就会是意料之外的。作为领导者，你必须勇敢决策，没有退路可走。

果断决策并非凭直觉拍脑门。有时，有些高管决策在我们看来似乎是拍脑门，但事实并非如此。他们往往是凭借自己多年的实战经验，快速把握了事物的本质规律，迅速找到了决定成败的关键要素。要达到这样的境界，绝非朝夕之功，都需要常年的历练。

那么，慎重决策和犹豫不决，区别何在呢？慎重决策是花时间分析权衡关键要素，而犹豫不决是逃避实质问题的浪费时间。如果只会线性思维，希望凡事都像 1+1=2 那样有确定性的答案；遇到不确定性就躲，安于现状不敢冒险，这样的人是很难有好的发展前途的。

具体如何把握呢？美国前国务卿科林·鲍威尔将军有个著名的 40-70 法则。他认为，如果决策需要的所有信息是 100%，而掌握的信息不到 40%，那么决策时机的确不成熟；如果掌握的信息已超过了 70%，但还没决策，那就是犹豫不决了。他说："如果掌握的信息在 40%～70%，那就得看你自己把握了。"

如果发现自己难以果断决策，你就要坦诚地面对自己，深入挖掘现象背后的根本原因。究竟是因为天生讨厌风险，还是担心决策错误，还是因为过往失败留下了阴影。有了觉知，才能改变。也许你像很多人一样，需要他人帮助才能突破自我，那么你可以主动寻求帮助，比如领导、同事、朋友等，请他们观察你、指导你，给你反馈，帮助你更好地总结经验、吸取教训。果断决策是项技能，与所有其他技能一样，都需要坚持练习。面对不确定性，敢于果断决策，是高潜必备的关键能力。

# 第 4 章

# 激发他人及培养他人（关键能力 2）

读完第 3 章，你应该明白识人用人的重要性。找到优秀人才，放到合适岗位，你的效能也会因此大幅提升。在这个基础上，我想再深入探讨，团队成功还需要什么？只靠每个成员的自身素质、人岗匹配的工作安排，恐怕还不够；成员之间的团结协作，也是团队成功的重要保证。有一个公式可以供你参考：

团队业绩 = 人员素质 + 人岗匹配 + 人际协作

决定企业成败的，是人；制定战略的，是人；做出业绩的，也是人。要想成为优秀的领导，人的工作就必须做好。你必须能识人、用人、培养人；能带团队，打造有战斗力的队伍；还要能在必要的时候，及时做出人员调整，尤其是那些影响团队士气的害群之马。有些领导者很少复盘，很少去回想自己在用人方面的成败得失。作为对自己有要求的高潜，你绝不能这样。身处领导岗位，有权力招人裁人，并不代表着你就精于此道。在人的方面，你必须踏踏实实地学习提升。说实话，有些企业对此不够重视，但它们忘记了，人才是一切的根本，没有人才支撑，业务发展也会受到制约。

## 发掘才华

提升组织活力和自身领导力的第一步，就是发掘他人的才华。你可以观察下属、同事以及前来应聘的人，把自己想象成星探或者教练，随时随地观察他人，看看他们身上有没有什么才华能让你心动，有没有什么潜质可以发扬光大。我看到，很多企业家不仅精于此道，而且乐于此道。在一次微软 CEO 论坛上，我和我的一位客户坐在一起，他是一家全球大型消费品公司的创始人。他几乎是白手起家，经过 20 年的不懈努力，做到了世界第一。他的坚韧不拔、坚毅果断以及敏锐的商业直觉，让我钦佩不已。那天，我又见识了他的识人之道。参加论坛的有很多演讲嘉宾，当其中一位讲完后，他突然对我说："我觉得这人不错,请你把他介绍给我儿子。你知道,我们一直在找优秀的高管。"毫无疑问,面对这样的业界英才,这家巴西公司一定会想尽办法,将其招致麾下。

我们都知道,每个人都是独特的,都有各自不同的知识技能、性格特点以及认知能力。我们也知道不同工作的要求,有些工作不仅有硬性的技能要求,也有软性的性格要求,比如态度积极、乐观向上等。因此,识人用人远比数据分析复杂得多。即便是当今时代,很多技术手段已被应用在人员招聘、业绩评估等领域,但人的判断仍然是必不可少的。你的识人能力越强,越能发掘他人才华,越能帮助他人成长提升,你就越可能取得更大的成就。

你要做的是发掘他人才华,了解他们最擅长做什么,然后把他们放到最适合的岗位,让他们发光发亮。这不是理想化的乌托邦,这就是卓越企业和企业家每天在做,而且是成体系、成机制在做的事。

体育界历来如此。优秀的教练员能够慧眼识珠,发掘才华出众的好苗子;然后再因材施教,指导其不断提高精进。比如,篮球教练想找一名三分投手,他们不仅会参考数据分析,也会去比赛现场观战;除了运动技能,也会看球员的性格人品、人际交往能力,看他是否能融入团队、带动团队乃至领导团队。这样的识人用人之道,也适用于企业管理。

企业在做人才评估时，往往会依据很多历史数据。这些固然重要，但不是全部。你一定要思考此人究竟擅长什么，先不要想缺点和不足，此刻只想优点和长处。请用平实的语言，用2～3句话，描述一下这个人。比如"他对事实及数据有深入的了解，能够从中找出逻辑及规律。如果事实与其预想不同，他能根据客观分析结果，改变自己原有的想法"，再比如"他能与客户建立良好的关系。他懂得如何向客户展示我们的产品，分析我们的产品与竞品的差异。遇到困难，别人会找他帮忙。他能很好地激励团队"。

要想更准确地判断他人的才华，你还要做到两件事，一是细致观察他的决策及行为，二是与别人讨论你的观察与判断。比如，你可以观察此人在会上的言行举止。当别人与其意见相左时，他会做何反应？是认真倾听对方的意见，还是反复重申自己的观点？他是否愿意主动分享信息？遇到棘手的问题，他是否能提出有创意的解决方案？他的举动对别人有什么影响？他能否带来正能量？

很多人对人的判断会停留在第一印象，会深受对方性格气质、谈吐风度的影响。你一定要避免落入这样的陷阱，要有意识地跳出第一印象，深入了解外在表象背后的东西。比如有一次，我的一位CEO客户正在纠结是否要提拔一名高管。此前他很看好此人，但最近听到了很多关于此人的负面评价，说此人缺乏耐心、比较挑剔。他对这些负面评价非常重视，于是进行了深入的了解。结果发现，原来事出有因。这名高管正在负责推动一项对公司全局意义重大的重点工作，亟须其他部门的帮助支持，但有些高管按兵不动，阳奉阴违。了解了这些情况，对这位CEO客户很有帮助。

此外，你还要关注他人的重要决策及其决策方法。有人做决策，就是拍脑门；也有人恰恰相反，分析研究做了一大堆，但就是下不了决心。在决策过程中，你要特别留心那些需要主观判断的部分，从而更好地了解此人的决策方式及风险偏好。除此之外，你还要注意其决策依据有哪些、从哪里来，这会让你看到，此人的性格特点及思维方式。比如，除了在公司内部、同行之间，此人有没有自己的人脉网络？如果某位年轻高管会与其他行业的几位朋友定期见面讨论各自的所见所思所想，那么你就要留意考察，看看此人是否真的眼界更宽、格局更大，对新生事物更加敏感。

当然，除了正式场合，你也要创造一些非正式的场合，更好地了解他人。这就是为什么很多公司在召开董事会时，会在第一天的晚上安排董事与高潜共进晚餐。餐桌上没有汇报材料，无须事先准备，这种更自然放松的交流方式，能更好地增进彼此的了解。没准，在这些年轻人中，就有能够成为公司下一代领导者的好苗子。有时一次晚餐过后，大家会彻底改变对某人的看法。

看人切不可独断，要多跟别人讨论。每个人都有自己的偏见，没人能做到完全的客观公正。多听听别人的观察判断，对你提升识人能力极有帮助。有一个方法供你参考，即让其同事来讲讲此人的优点长处。请他们也用同样的方法，用平实的语言，用两三句话来描述一下这个人，越具体越好。比如，"他能以客户为导向"就不够具体，如果改成"他特别善于捕捉客户尚未得到满足的需求"就好多了。描述之后，你还要请他们举例说明。如果别人的观察与你的有明显差异，你就要倍加留心。通常你会发现，大家的观察非常一致，这样的讨论能让大家加深对彼此的了解，有效形成共识。

说到这里，来做个练习。大家都知道乔布斯，对其人其事都有很多了解，那么你会如何描述乔布斯的独特才华呢？有一次我在沃顿商学院讲课，带着一班企业家就此展开了讨论。问题一出，回答踊跃，比如"远见卓识""开拓创新""颠覆传统""创业精神""创意天才"等。当我要求更加具体时，大家的回答从一个词延展成了一句话，比如"他知道什么才是伟大的产品"。于是我接着问："那他是怎么知道的？"这次的回答更加深入具体："他能预见客户的未来需求，然后果断决策，加以实现。"正是这样的深入挖掘，使得大家对乔布斯的过人之处有了更为深刻具体的了解，而且通过乔布斯的所作所为，大家还可以印证自己的判断是否正确。乔布斯的伟大，在于他能洞见客户想要什么，知道如何才能打动客户，让他们心甘情愿地支付溢价；他能敏锐捕捉外部环境的变化，准确把握未来发展的方向，主动出击，引领变革；他能构想出独具特色、利润丰厚的产品及业务模式，不断提升品牌价值；更重要的是，他还有极强的执行力，能够把这一切，变成现实。

类似的方法可以用于招聘工作。人力资源部门在招聘时，主要会看候选人的简历、测试结果及面试反馈。如果你能够深入一步，多了解一下这个人的全面情况，在做背景调查时用同样的方法深入了解此人的特点，并询问一些可以佐证这些特点的具体事例，那么对你评估候选人，以及决定是否聘用，都会很有帮助。最后，别忘了与其他参与面试的人，讨论一下各自的观察结论，看看大家的观点有什么异同。

## 持续培养

几乎所有公司都有绩效考核制度,但很多只是走个过场,比如年底老板跟你讲一下绩效考核怎么样,年终奖金有多少,明年工资会不会涨。涨工资和发奖金的确有一定的激励作用,但下属更看重的,是领导在自己成长方面倾注的心血。很多时候,绩效谈话都显得有些尴尬,对个人成长也没什么帮助,多半只能草草收场。

作为高潜,你要对自己有更高的要求。要把发掘下属才华及持续培养,当作自己日常工作的一部分。当然,如果下属人数很多,很难有时间照顾到每个人,那么你就要聚焦,一是影响重大的关键人,二是极具潜力的年轻人。想想他们目前的岗位职责是否合适,具体分工是否需要调整,是不是换个岗位更有助于他们的发展成长。

作为领导,如果你能为下属创造更好的发展机会,让他们更快地成长,这是极好的事。如果贵公司高管及人力资源负责人称职的话,他们应该对你赞赏有加。即便没有领导肯定,你自己也会尝到甜头,毕竟下属越能干,越能独当一面,你就越轻松,越能腾出精力做大事。

培养人是大功德。经常有几十年前的下属回过头来拜访年轻时的老领导,感谢他们当年对自己的赏识与栽培,让自己有机会脱颖而出，从此开始突飞猛进的成长。我自己就知道很多这样的例子。

当然，培养人也是有风险的。面对更具挑战的工作，也许这位年轻人会不堪重任，铩羽而归。这样的结果，你也要接受。

发掘他人才华、持续培养提升，并不意味着对缺点和不足就可以视而不见。培养他人的另一个方面就是针对缺点和不足，提出有建设性的反馈建议。近年来，有个很有意思的趋势，值得大家深思。有些全球知名企业已不再搞年终绩效评估，取而代之的是即时反馈机制。借助数字技术，系统可以实时收集领导、同事及下属对你的反馈意见；如有任何疑问需要讨论，也可以通过系统随时提出。

通用电气公司就推出了名为PD@GE的手机应用软件，每到年底的时候，还会自动生成年度反馈汇总。截至2016年7月，该系统已覆盖了公司20多万名全职员工，彻底取代了原有的绩效考核系统。

作为这个领域的先行者，通用电气公司的大胆尝试也并非一帆风顺，但至少其出发点是对的，就是鼓励大家更开放、直接地给予反馈。更为及时的反馈，能让人更为及时地调整改正，也会让人对之后公司的薪酬调整及升迁决定形成更为合理的预期，避免不必要的失望与突如其来的打击。

各家企业的制度虽然不同，但不管制度怎么要求，你自己都要形成良好的管理习惯，坦诚直接地给予反馈，对每个你想着力培养的下属提出一两条明确具体的提升建议，这种建议可以是某项业务技能的提高，也可以是某个行为举止的调整。

举个实例，某公司正在考虑是否要提拔一位女性高管担任某重要领导岗位，该岗位直接向 CEO 汇报，并且经常需要与董事会及重要客户沟通互动。这位候选人能力很强、业绩骄人，但有个问题，就是习惯性地说脏话。这种风格让她的同事很不舒服，显然也不适合董事会或重要的客户会。收到这样的反馈意见，她开始认真对待，结果变化很大，并为自己赢得了晋升的机会。

刚开始，这样坦诚直接地给予反馈会让人觉得有点儿别扭，但别轻易放弃。你练得越多，就会觉得越自如，而且给出的建议对别人就越有帮助。如果你真的不喜欢，甚至很抵触，完全无法克服自己内心的纠结，那么你就需要认真思考一下，自己究竟是否适合领导岗位。也许对你而言，个人贡献者是更适合的选择。

## 第 4 章 激发他人及培养他人（关键能力 2）

与之相反，如果你在给予反馈方面越做越好，能让越来越多的人从中受益，你就会因此而声名鹊起，会有更多有潜力的年轻人要求加入你的团队。在全球顶级的战略咨询公司麦肯锡，就是这样。如果某位合伙人在培养年轻人方面口碑极佳，大家就会争相参与其领导的咨询项目；这样他就有机会从中选择最好的咨询顾问，打造实力超强的项目小组。

千万别忘了，还要积极肯定下属，尤其是当他们特别努力付出的时候。公开表扬，当众鼓励，会让别人铭记在心。在公司政策允许的范围内，你还要重奖先进。大锅饭、平均主义貌似公正和谐，实则危害深重，尤其会让业绩优秀的团队骨干愤然离去。

此外，如果你的下属决定离开，也不要将其视为个人恩怨。是高潜，就会不断寻找新的发展机会。当公司高管另谋高就，通用电气公司前董事长兼 CEO 杰克·韦尔奇就很淡定，甚至充满自豪。

## 及时调整

在识人用人方面，没人是常胜将军。即便是最好的伯乐，也有看走眼的时候。

看错了，怎么办？首先坦诚地面对自己，然后及时果断地做出调整。千万不要因为内心恐惧，反复纠结，直到为时已晚。很多高管就是因为用人不当、调整不力，听之任之、一拖再拖，最终赔上了自己的职业生涯。举个实例，某部门负责人一直业绩不佳，究其原因，主要是某个下属实在是不适合这个岗位。他的领导知情后，问他为什么不换人，他坦言道："这事我真不喜欢。"经过辅导与帮助，这个部门负责人最终放下了心理包袱，完成这一早该完成的人员调整。事后他对自己的高管教练说："直觉告诉我早该换人。谢谢你给了我这么做的勇气，教会了我怎么做的方法。"

执行力差的人是业绩毒药。何谓执行力差？就是承诺的事，总也做不成。这样的情况如果不能改进，就必须尽早调整。许多经理人面对这样的情况会非常犹豫，这种犹豫往往不是因为他们不知道这么做是正确的，而是因为他们渴望被人喜欢，不敢面对别人的反应，或者已经在此人身上倾注了太多的心血。但他们忽略了这一个人对整个团队的影响。中国人说的"害群之马"，就是这个意思。

换个角度看，执行力差也可能不是人本身的问题，而是人岗不匹配的问题。换个岗位，调整下工作职责，找到更适合他发挥自身优点的地方。如果这样还不行，就没什么可犹豫的了，你得当机立断加以解决。

承诺的事做不到，有很多原因。你要把两类情况区分，一类是能力态度问题，一类是业务难度问题。后者指的是诸如探索新的市场机会、推行新的管理流程、设计新的产品服务等为了构建新的竞争优势而进行的必要尝试。既然是难题，既然要尝试探索，就得接受可能失败的风险。

## 组织协同

对很多刚刚走上领导岗位的年轻人来说，企业高管及董事会似乎很神秘，高高在上，遥不可及。但其实不然，许多问题都是相通的，高层、基层都会遇到。近来媒体正在炮轰某些企业的董事会，认为正是由于他们的不作为，在 CEO 人选问题上用人不当、调整不力，造成了企业业绩疲软，损害了股东利益。有意思的是，这些企业的董事们个个来历不凡，不仅在各自的企业成就斐然，而且人品修养都非常令人尊敬。

为什么这个由超强的个体组成的团队，结果却不如预期呢？这就是因为他们没有拧成一股绳，没有形成合力。

你带队伍也是同样的道理。如果你的管理权限较大，能够选择团队成员，并负责其业绩考核及薪酬激励，那很好；如果没有这样的权限，那你就要换种方式，从团队协同入手。

企业无论大小，都有分工，不同业务、不同职能、不同区域，会在组织内部形成不同的部门。企业要想协调运转，就需要各部门间保持信息通畅、通力协作。为了促进跨部门协同，很多企业采用了矩阵式组织架构，即业务、职能双向汇报；设计了各种软件系统、线上平台，推动跨部门的信息交流及落实跟进。但组织架构、信息系统不是万能的，组织协同最终还得靠人。怎样才能把大家拧成一股绳呢？

这就是你的工作了。要让来自不同部门的各路兄弟跳出各自的思维局限，放下各自的部门利益，看到更大的格局，聚焦共同的目标。并非只有领导才能这么做，我就看过有的年轻人主动承担了这一重任。当然，光有意愿还不够，还得有高超的技能，才能真正激发团队里的每个人，在需要创意时，群策群力；在需要取舍时，以大局为重。

如果领导者有意识、有能力，能够做到上述要求，整个组织就极具凝聚力、战斗力。如果反之，这个队伍就会陷入泥潭，溃不成军。想必大家都有过这样的经历：项目组一共五个人分为四派半，各自打着小九九，有了工作相互扯皮,有了问题相互指责。这种团队不仅劳民伤财,而且会贻误战机,重创士气。这种风气还会不断滋生发酵,殃及整个组织。

由此可见,组织协同是件大事,对组织效能、组织氛围至关重要。促进组织协同,要自上而下,从企业最为关键的协同节点开始,即公司高层,尤其是 CFO、CHRO、首席战略官(CSO)。

联合服务(全球)⊖(UST Global)集团的 CEO 赛扬·皮莱先生就非常重视组织协同。他在 2012 年还为此设立了专职岗位,并要求今后晋升高管,必须得先在这个岗位经受历练。最初试点时,他精心选拔了九名高潜,他们个个精通业务,了解客户,有责任心、紧迫感,口碑不错,人缘也好。他们的职责就是促进团队协同,达成工作目标。比如,当某个具体环节出问题时,他们会找到全公司在该领域最牛的专家来帮助解决;当某个大客户需要临门一脚时,他们会请公司高层出面,帮助拿单。凭借自己超强的业务能力和人际能力,他们往往能更快、更好地达成目标,还能极大地提升组织凝聚力,提振组织士气。2016 年,该公司还提高了这一岗位的职级及编制。

---

⊖ 一家国际 IT 服务和解决方案提供商,总部位于加利福尼亚。——译者注

# 沟通讨论

好的团队一定有高质量的沟通讨论。在这样的高能时刻，大家全情投入，畅所欲言，气氛热烈，甚至完全忘了时间。有不同观点，大家直言不讳；有矛盾冲突，大家坦诚沟通；既相互挑战，又相互尊重。很多时候，创造力需要激发，好的创意出自相互讨论。

这就是为什么马克·扎克伯格会时常给业务大牛或技术大牛打电话，一聊就是一小时；印度巴蒂电信的创始人苏尼尔·米尔塔在其创业早期还不太知名时，会去求见英国电信 CEO，向其请教电信行业的经营之道。与人讨论能够提升自己，对业务能力及个人成长都很重要。

组织沟通讨论的能力，的确非常重要。很多人讨厌开会，就是因为会上的讨论实在无聊，有时甚至连讨论都算不上。经常是东拉西扯，言之无物，浪费时间不说，最后还没有什么结论。但这个能力不像演讲汇报那样，可以自己单练；只有经历实战，才能提高。因此，你要随时随地有意识地进行练习，尤其是在组织大家开会的时候。

福特公司前 CEO 艾伦·穆拉利就是这方面的高手。2006 年，当他临危受命执掌福特时，公司已经到了破产的边缘。当时，其他美国汽车巨头正在考虑申请破产保护，这样就能卸下沉重的债务负担，赢得更大的降价空间。留给福特公司的时间已经不多了。很多人已经放弃了努力，但比尔·福特没有。他是福特家族的第四代，时任公司的董事长兼CEO。他果断辞职，从波音公司请来了穆拉利，希望穆拉利能力挽狂澜，拯救福特。

穆拉利很快发现，公司深陷困境的一大原因，是公司内部信息交流不畅，缺乏坦诚高效的沟通讨论。问题初现时没人问，目标没达成也没人管，经营数据的可信度比较低。遇到这种情况，换了别人也许会想如何改变企业文化，如何通过慷慨激昂的讲话让公司上下有所改变。穆拉利却没有这么做，他的方法是从每周一次的业务汇报会开始，改变公司高层讨论业务的内容及方式。

上任第一周，穆拉利就颁布了每周例会制度，会议的目的是跟进业绩目标的达成情况，与会高管不得请假，必须出席。在福特公司，大大小小的各种会议有很多；事实上，穆拉利还撤销了其中的一些。穆拉利推行的每周例会非常的与众不同：每位高管亲自汇报工作，不能由下属代劳；汇报内容聚焦上周工作情况，必须简明扼要、客观坦诚；会议过程中必须参与集体讨论，不能开小差、小会。这样的会，在福特公司还是头一回。

在第一次例会上，穆拉利阐述了重振福特公司的战略目标及规划,希望各位高管能够齐心协力,帮助公司实现复兴。在之后的例会上,大家逐渐发现这次是动真格的了。会前,穆拉利会了解每位高管上一周的工作情况,并对照阶段目标,用红黄绿三种颜色⊖标出进展状况,而且还会做成图表贴在墙上,每位高管一张,一目了然。会上,穆拉利会引导大家重点讨论红色及黄色事项。他深知,面对问题批评指责,于事无补且后患无穷,以后大家就会隐瞒问题,相互推诿。所以当时任福特公司美国业务总裁马克·菲尔兹鼓足了勇气,在会上公开承认福特锐界的新车上市工作出现了问题时,穆拉利没有批评他。相反,穆拉利表扬了他的坦诚,然后平静地转身问大家:"谁能帮助马克解决这个问题?"这是意义重大、影响深远的一刻。大家纷纷伸出了援手,献计献策,贡献资源,把帮助马克作为自己的工作重点。

毫无疑问,穆拉利组织沟通讨论的独特方式,改变了高管们的行为方式。

作为领导,你也要这么做,将之作为自己的管理利器。在团队会议上,你要确保讨论聚焦重点,不跑题;坦诚沟通,不隐瞒问题;以大局为重,不谋其个人私利;遇

---

⊖ 红色表示进展受阻,黄色表示进展不利,绿色表示进展顺利。——译者注

到问题，不推卸责任，为了共同的目标一起解决问题。引导讨论的方式不同，结果也会大不相同。

如何才能做到高效地沟通讨论呢？有几个关键环节，值得你深思：

- 会议成果：通过讨论希望达成哪些成果？
- 行为要求：你希望大家在会上如何表现？
- 坦诚沟通：无论是好是坏，都要了解真相。
- 认真倾听：说了什么、没说什么，都要关注。
- 想法建议：准确理解他人的想法、具体建议。
- 矛盾冲突：直接面对、公开讨论，共同解决。
- 会后工作：散会前进行小结，确定什么事，谁负责，什么时候完成。

## 人际体系

前面讲到组织协同的重要性，尤其是在跨部门的关键协同节点上，要保证信息通畅、通力协作。很多人把这件事简单地视为建构组织架构，其实不然，组织协同有赖于人与人之间的顺畅沟通与高效协作。如何建构一个高效的人际体系，创造一个良好的组织氛围，是门大学问。

随着你的职级提升，你需要对人际体系的运作有更多的洞察，对人际体系的塑造有更多的思考。因此，从现在开始，你就要练习从这个角度来看企业内部的组织运营。如果你知道关键决策背后的决策机制以及参与决策的人，知道针对不同问题，谁是最能帮助你的人，你就能更快更好地推进工作，也能够对组织协同的关键节点有更为深刻的理解。

如何找到这样的关键节点呢？不妨以终为始，从结果倒推，看看决策过程中需要谁的参与。假如你要做未来三年的产品规划，尤其是要确定推出哪些新产品，这就需要做出取舍，在诸多新品创意中，哪些可以立项，拨付预算，开始研发。这个取舍的决策，应由谁来做？决策需要依据哪些信息、分析，这些工作由谁来做？还有谁会参与过程，提供参考意见？比如，你应当确保熟悉市场情况、精通客户需求、会做财务分析的人也有一席之地，因为有些研发人员只是技术专家，对市场、客户、财务等必要领域并不熟悉。在集体讨论时，这些相关人员都要参加。

群龙无首不行，你需要为这样的跨部门团队明确指定一个负责人，让他对团队决策的及时性及科学性负责。那么让谁负责呢？不是看谁级别高，而是要看谁的沟通协调能力强。

组建了团队，指定了负责人，你千万别觉得就此可以高枕无忧，当个"甩手掌柜"了。这只是开始，你还需要密切关注这个团队的进展状况。以下几个方面，你要高度重视：

- 信息基础：决策所需的信息是否齐备？内部信息、外部资讯都要收集分析。

- 权力平衡：团队成员是否相互尊重，相互倾听，有没有人过于强势？

- 矛盾冲突：出现了哪些矛盾冲突，是如何解决的？

- 资源保障：工作推进所需资源是否到位？

- 团队激励：激励机制设计是否合理？

- 人员配置：负责人行不行？有没有害群之马？

如果这些关键的协同节点能够运转顺畅，组织效能、组织业绩及组织氛围就会有极大的提升；个人的工作效率及成就感也会随之提升。这能激发出每个人乃至整个组织的巨大潜能。

## 高潜案例

这位高潜叫托尼·帕尔马，现任金佰利[⊖]（Kimberly-Clark）公司全球品牌及创意部总裁。在 21 岁的时候，他都不知道自己能不能上大学，更不要说成为某世界级企业的全球高管了。

帕尔马是澳大利亚人，他的父亲以剪羊毛为生，因此全家经常得跟随父亲，在澳大利亚各地的牧场间穿梭。上初中时，帕尔马就没怎么去过学校，高中更是没毕业。但他非常渴望上学，渴望能改变自己的命运。于是在墨尔本期间，他每天都到一所大学门前坐着，直到三周后的一天，校长问他为什么天天坐在这里。帕尔马说自己很想上大学，但连高中文凭都没有。校长深受感动，建议他以"非常规学生"的身份进行申请。帕尔马真的这么做了，结果真的被录取了。

---

[⊖] 全球健康卫生护理领域的领导者。公司成立于 1872 年，在全球 37 个国家设有生产设施。舒洁、高洁丝就是其旗下的知名品牌。——译者注

那时他已 21 岁，比同班同学大 3 岁。这会不会影响他的求学生涯呢？"完全没有，"帕尔马对我说，"相比别人，我有个巨大的优势，那就是我是真心想学。我比所有人都更加努力，而且学习成绩非常好。"

3 年后，帕尔马毕业，加入了一家咨询公司。随后，他到瑞士洛桑国际管理发展学院<sup>⊖</sup>（IMD）深造，获得了 MBA 学位。MBA 毕业后，他加入了美国玛氏<sup>⊜</sup>（Mars）公司，在澳大利亚做市场营销。因其工作业绩出众，公司计划提拔他去美国总部，但他谢绝了，加入了澳大利亚当地的一家制糖企业。这是为什么呢？帕尔马解释说："继续留在玛氏，去公司总部，我学不到什么新东西，不会有什么成长。我需要的是拓展自己，更为全面地掌握业务管理的各种技能，去家小公司能给我这样的学习机会。当时这家制糖企业的效益不太好，情况相对危急，对于我是个巨大的历练和考验。"

走上新的岗位，帕尔马面临的挑战很多，其中之一就是管人。"有 5 个经理向我汇报。他们的资历都很深，工

---

⊖ International Institute for Management Development，全球顶尖商业管理学院，坐落于瑞士西部城市洛桑。——译者注

⊜ 一家由私人家族弗兰克·马斯（弗瑞斯特·玛氏）于 1911 年创立的跨国公司，主要业务涉及零食类（糖果、巧克力）、宠物类、主食和电子产品的制造和营销。德芙、士力架就是其旗下的知名品牌。——译者注

龄加在一起高达140年，而我当时只有32岁。一开始是挺别扭的，但我也不能逃避，只能用业绩证明自己。在大家的共同努力下，推出了一系列精妙的营销举措，公司盈利水平随之大幅提高。"

这就是帕尔马，勇于接受挑战，在困难中不断学习成长。他之后的职业生涯，比如在可口可乐、飞世尔科技㊀（Fisher Scientific）、家乐氏㊁（Kellogg's）以及现在的金佰利，就是最好的明证。除此之外，他还是一位难得的伯乐。

"回想起来，我年轻的时候应该不太招人喜欢。因为那时的我，只为自己着想，为自己的职业发展打算。但随着年龄阅历的增长，我不这么想了。我的工作是帮助别人成功。工作和生活是相辅相成、相互影响的，一个人在工作中取得成功，在生活中也会充满活力；一个人开心快乐，整个家庭也会更加幸福。这很重要。更何况，看到别人的成功快乐，我也会倍感欣慰。"

帕尔马在澳大利亚的这家制糖企业工作时，有些企业通过商务谈判认识了他。这些企业中，就包括可口可乐。瑟吉欧·柴曼，时任可口可乐公司全球首席营销官

---

㊀ 一家实验器材和生物科技公司，为全球科学研究、临床检验科等提供产品和服务。——译者注
㊁ 全球知名谷物食品和零食制造及销售商。——译者注

（CMO），邀请他去美国，负责可口可乐旗下美汁源的品牌营销工作。"那时候我还从来没去过美国，既兴奋，又有些害怕。他给了我这个机会，让我大开眼界，学到了很多。"

"当时我特别想知道，他为什么招我。于是我给他打电话，我问他：'有那么多人想加入可口可乐，你有那么多人可以选择，为什么偏偏挑了我，一个从没来过美国的人？'怕他误解，我还解释说，我不是不想来，只是特别想知道你选我的原因。"

"他的回答我一直记得。他说：'我要的是心怀梦想的人，而不是混日子的人。'瑟吉欧对人要求很高，但他是真正的伯乐，看到有才华的人，他会着力培养，会支持你、给你机会。正是他给了我机会，改变了我的一生。"

几年后，帕尔马觉得自己很难再有更大的作为，于是离开了可口可乐，加入了飞世尔科技，负责自有品牌业务。当时该公司被某私募基金收购，双方在管理理念上有很大的差异。"私募基金只看数据，只想着通过砍成本来提升盈利，对人关心甚少。认识到这一点，我就决定离开了。"

之后，帕尔马加入了家乐氏公司，在那里，他践行了自己的管理理念，成了众所周知的伯乐。"我坚信，帮助他人在工作中取得成功，能让他们的生活更加美好。很多人看人，只想着这个人的工作状态，而我也会关心他的个人生活。面试时，我首先会问，你的梦想是什么？梦想不一定关于工作，关于生活也很好。"

"知道了他的梦想，才能更好地了解他在工作中有什么期许，从而更好地帮助他达成自己的愿望。所以，全面地了解一个人很重要。如果这里不能满足他的愿望，我也会直接告诉他，来这儿是浪费时间。这很重要，否则一切都无从谈起。"

在家乐氏公司时，帕尔马负责其英国及爱尔兰的业务，这是公司最大的海外市场。当他决定离开家乐氏加入金佰利负责营销条线时——"大家都觉得我疯了，怎么能从做业务，转回去做职能呢？"帕尔马解释说："我这么决定，是因为见了金佰利的 CEO 汤姆·福克。他是一位伟大的企业家，而且我非常认同他的战略思想。这里的平台更大，大有可为，是个难得的机会。"

到了新公司，帕尔马继续践行着自己的理念，坚持不懈地发掘人、培养人，帮助他们成功。"除了本职工作，我还会花很多时间，发掘身边有才华的年轻人。无论他们是否已加入公司，现在公司是否招人，我都跟他们保持接触，定期与他们沟通交流，谈谈他们的人生梦想，看看他们的规划打算，也聊聊我这里的情况。如果出差，我还会约他们见面，喝杯咖啡，其实也花不了太多时间。一旦有什么好机会，我就会立即给他们打电话，争取邀请他们加盟。我以这种方式与之保持联系的，已经有40多人了。"

那么，帕尔马是如何识人、选人的呢？在他看来，知识技能只是基本要素，"公司里这样的专家很多，比如市场营销、供应链管理或其他专业领域。我重点关注的是领导能力，主要是以下五个方面：第一，学习能力；第二，人际能力，即能与不同文化背景、不同性格类型及不同观点认知的人相处共事的能力；第三，执行能力，即能在没有直接隶属或汇报关系的情况下，组织大家，把事情做成的能力；第四，内在动力，是否真心渴望、真心喜欢；第五，培养人才。我会通过平常的沟通观察，对其领导能力，逐步全面地评估。"帕尔马会把一半的时间精力用于人才培养，尤其是培养人的领导能力。

"回看我的职业发展，我做过很多不同的工作，比如供应链、市场营销或者具体业务，但在我看来，人才是工作的核心。发掘人才、培养人才，不需要天分，每个人都能做，只需要你思想上重视、工作中勤奋。不遗余力地帮助他人成功，会让你自己感觉特别美好，而且经常会给你和公司带来很多意想不到的惊喜。"

第 5 章

# 成为创意及执行大师（关键能力 3）

如果你是高潜，你天生就会对外部事物充满兴趣，比如你会像很多年轻人一样，上网聊天、购物、看看有什么新事新知值得关注。那么高潜在观察外部事物时，究竟有什么独到之处呢？他们会带着问题，会深入思考各种信息意味着什么，比如，是否能创造新的市场机会，是否能带来新的竞争优势，是否能颠覆既有的游戏规则，甚至是否能彻底改变世界。

当今时代日新月异，方方面面的知识信息会极大地激发你的灵感，好的创意犹如泉涌。但仅仅想到，还远远不够，更重要的在于做到。这就需要你脚踏实地，对各种创意，优中选精，然后再聚焦重点，分阶段、分步骤，逐步推进，做出成果。真正的高潜，对于创意和执行，两手都要抓，两手都要硬。

## 优化创意

身在当今时代，是高潜的幸运，因为相较于前辈，你有更多的机会崭露头角。即便是在传统企业，很多领导者也已经意识到，创意好坏与级别高低、资历深浅不成正比，而且在需要颠覆式创新的领域，资历越深、经验越多，反倒会形成束缚。现在，越来越多的企业，正在通过电子邮件、内部论坛、跨部门研讨会、头脑风暴及创意大赛等多种形式向全体员工问计问策——如何推动企业持续增长，如何确保业务转型成功。越来越多的企业领导者，正在要求那些资历深、级别高的各级领导，放低身段，更多倾听年轻人的想法。即便有些想法还稍显稚嫩，但多接触、多倾听，至少能让他们更好地了解现在的年轻人，因为他们才是数字时代的原住民。在这样的大环境下，你应该备受鼓舞，应该更加敢于分享自己的创意。

如果刚开始想法不够好，没关系，别着急。坚持不懈，继续努力；假以时日，好的创意自然会来的。无论你的创意是什么，比如打动客户的新产品、赢得竞争的新方法、打造生态圈的新举措，或者搭建平台的新技术等，在分享之前，都需要精细打磨，不断优化。中国人常说，"玉不琢，不成器"，你的创意也是一样，也需要精雕细琢，百炼成钢。

在这方面，有什么好的方法呢？最好的方法，就是跟别人讲、跟别人讨论。这就是为什么你会看到很多创业者会愿意相互交流，愿意与其他企业家、技术专家交流；很多企业会愿意把高管团队送到奇点大学⊖（Singularity University），请那里的专家，面向未来和新的技术前沿，组织大家研讨。即便你已经成为某个领域的大拿，或者某家企业的一把手，你也需要这么做。很多企业的一把手就是通过与同事、董事及朋友讨论而逐步理清思路，持续优化提升的。

## 深入思考

很多年轻人知道，开发新产品需要循序渐进，先做

---

⊖ 于2009年，由谷歌出资100多万美元赞助、美国国家航天航空局提供办学场地，以及若干名科技界专家联合建立的一所新型大学，旨在解决"人类面临的重大挑战"。——译者注

出样品，再通过测试进行调整优化。新品开发往往是个持续改进的过程，有的产品可能在短短几周内就优化了好几轮。新品如此，其他领域的创新，大都也是如此。在改进的过程中，你不一定需要尽善尽美的数据图表，也不一定需要详细规整的项目规划，但你至少要想清楚，这样的设计为什么更好？这样的创意能给业务创造什么价值？

对很多新产品而言，最难的通常不是创意本身，而是这种听上去很美的新品能不能做大，怎样才能成功推向市场，怎样才能实现财务回报。因此，你必须要厘清思路，回答专栏 5-1 中的问题。

## 专栏 5-1

1. **客户是谁？**你的创意对客户体验有什么影响，能否替代现有产品及服务？你的创意足够好吗，能打动客户吗？客户需要为你改变使用习惯吗？很多年轻一代希望借助算法、视频、社交媒体等新技术，给客户带来他们自认为很酷的新体验，但在过程中往往忽略了客户的感受。真正从客户的角度想问题，而不单纯为技术而技术，这才是乔布斯的伟大之处。

2. **是单个产品还是生态圈，怎样才能打造生态圈？**比如淘宝就是一个平台，在那里，数量众多的买家、卖家、物流公司及其他各方，形成了一个规模庞大的生态圈。

3. **如何才能快速上量，迅速形成规模？** 需要哪些关键能力、资源，怎样才能获得这些资源和能力？

4. **你会面临哪些对手，有何应对之道？** 你的创意会不会引起业界大佬的关注，比如中国的"BAT"，美国的谷歌、网飞、亚马逊；它们会有何反应，是拿着你的创意自己干，还是将你纳入它们的生态圈？你的创意，会不会引来创业公司的加入？它们会不会在一夜之间将你取而代之？思考竞争格局，不能浮于表面、止步于眼前。要想成为最终的赢家，就要深入本质、面向未来，像棋坛高手一样，走一步，想几步。

5. **你需要多少资金支持？** 如需申请预算，光有定性描述是不够的，你必须了解公司高层在分配预算时，还要看什么。比如，投资回报怎么样？主要风险有哪些？资金需求有多少？

6. **哪些因素会阻碍你的成功？** 如果你能未雨绸缪，主动对可能遇到的困难及障碍有所思考，并提出行之有效的应对之策，你就会极大地提高自信，以及别人对你的信心。

上述问题是针对新的产品创意需要思考的问题。如果是其他方面的创意，需要思考的问题会有所差异，但主旨思想是一致的，就是新的创意必须持续优化，必须不断检验。

假如你的创意是关于新业务拓展的，建议企业进入一个新领域，开拓一片新天地，那么专栏5-2中的问题值得你深思。

## 专栏5-2

1.**如果实现，具体图景什么样？** 很多创业者、企业家抱负远大，心怀梦想，他们的愿景非常宏大，也非常长远，往往远远超出了常人的想象。比如，CNN⊖的创始人——泰德·特纳。早在20世纪70年代，他就构想着，要做全世界第一个全天候滚动播出的新闻频道。比如，微软的创始人——比尔·盖茨，早在电脑还是价格昂贵的大型机及小型机的年代，他就憧憬着，让每个人的书桌上都有一台电脑。在沟通愿景时，画图也许是比文字更有效的方式。你也许听说过，很多伟大的创意，都起源于餐巾纸上的草图。这还真不是开玩笑。花旗集团前首席信息官（CIO）哈维·科佩尔就曾跟我聊起过，移动银行的创意是如何诞生的。十多年前，他正在印度视察，发现那里有家

---

⊖ 美国有线电视新闻网，Cable News Network的英文缩写。——译者注

分行借助了多项新技术，推出了多种新服务，受到了客户的热烈欢迎。当晚，他与当地负责人共进晚餐，一个灵感跃入脑海：同样的服务能不能通过手机实现呢？于是他顺手拿起了一张餐巾纸，在上面勾画起了移动银行的雏形。这个创意很快得到总部的批准，三个月后就推出了相关应用。

2. 要想实现，成功要素有哪些？比如，成功的关键在于技术，还是营销？如果某项能力至关重要，你是打算自力更生，还是打算借助外力？印度巴蒂电信，之所以能在巨头林立、竞争激烈的电信运营商市场脱颖而出，就是因为其创始人创造了一种全新的业务模式，能够有效解决自身在资金及能力上的不足。当时，印度移动电话市场才刚起步，很多资金实力雄厚的大型企业集团纷纷涌入。面对强敌，米尔塔另辟蹊径，他不像传统运营商那样自建电信网络，而是采取外包的形式，将电信网络运营及管理信息系统全部外包给了电信设备及 IT 服务供应商，比如爱立信、摩托罗拉以及 IBM。这样做，不仅极大地缓解了企业的资金压力，而且还能让米尔塔专注于核心业务，即如何快速赢得客户，迅速提高用户数量。

3. 如果实现，盈利模式是什么？作为高潜，你必须具备基本的财务知识，对诸如收入、毛利⊖、净利润、周

---

⊖ 毛利 = 收入 − 产品或服务的直接成本。——译者注

转速度(尤其是库存周转率)及现金流等关键财务指标,有所了解。无论企业规模大小、从事哪个行业、地处哪个国家,这些关键财务指标都一样适用。如果企业进入新领域后,短期不能盈利,那么什么时候才能够实现盈利?比如,某企业要进行数字化改造,需要大量投资,一是引进数字化人才,二是搭建数字化平台,这对企业的净利润及现金流都会造成一定的压力。那么,投资所需的资金从哪里来?这对企业的其他业务意味着什么?新业务自身何时能产生正向现金流?

**4. 外部变化会带来什么影响?** 哪些外部环境的变化会是巨大的利好,会使新业务的成功概率大幅提高?哪些变化会使新业务的发展雪上加霜?有时,政策变化会对行业格局产生根本性的影响。对泰德·特纳而言,助其实现伟大愿景的关键,在于美国联邦通讯委员会⊖改变了电视节目经营牌照的发放政策。要做成全世界第一个全天候滚动播出的新闻频道,首先得在美国有全国性的经营牌照;当时FCC规定,提供跨地区的电视节目服务,需要在各个地区分别申请地区性的经营牌照。经过特纳的不懈努力,其中包括向美国国会施压,强调自己的服务能为消费者提

---

⊖ Federal Communications Commission,简称FCC。它直接对国会负责,通过控制无线电广播、电视、电信、卫星和电缆来协调国内和国际的通信,负责授权和管理除联邦政府使用之外的射频传输装置和设备。——译者注

供更多的选择，符合消费者的根本利益，FCC 最终批准了他的申请，授予了他全国性的经营牌照。于是，他旗下的那家原本规模很小的地区电视台，在一夜之间成为全国性的行业巨子，这就为之后 CNN 的横空出世，打开了机会之门。

5. **要想成功，需攻克什么障碍？** 某个亟待突破的技术难题，某项难以逾越的政策障碍，某个很难争取但又必须争取的关键利益相关方，都可能成为关键障碍。

6. **现在启动，时机是不是合适？** 如何把握时机呢？沟通研讨，就是个好办法。比如，他们是否也看到了这样的需求？是否支持你的判断？通过不同观点的碰撞，你会看到自己是否带有某些偏见，使得自己在看问题时不够客观。这样的偏见，有时能助你一臂之力，看到别人难以发觉的市场机会；如果不能及时纠偏，这样的偏见，迟早会让你栽跟头。不要害怕别人给你泼冷水，他们的顾虑会让你更加清醒，能帮助你更好地防患于未然。

## 付诸实施

理想远大固然好，但要能付诸实施、做出成果，才算得上真正的高潜。学习掌握执行之道，能帮你把想法变成现实，让闪光的创意带来骄人的业绩。

执行本身，就是一门大学问。正因如此，我与霍尼韦尔公司的前 CEO 拉里·博西迪先生专门就此主题，写了《执行》一书。企业领导者绝不能认为，自己只需构想大局，具体执行之类的脏活累活交给手下打理就好了。

执行是每位企业领导者必须亲力亲为的关键要务。要想达成业绩目标，你就必须精通执行之道；反过来，做好执行，也能帮助你提升业务思考能力。中国人讲，知行合一、实践出真知，都是类似的道理。

执行的核心，在于三件事：人才、战略及运营。在这三个方面，企业领导者必须认真投入、详细了解、充分讨论，并能洞察三者之间的内在联系。战略制定必须结合人才方面的实际情况，有多少人，能力怎么样？脱离了人的因素，战略就成了空谈。比如，想做数字化改造，有没有精通算法和数据分析的技术专家？除了人的因素，战略方向的制定还必须考虑运营方面的实际问题。比如，想要快速增长，迅速扩大业务规模，产能是否跟得上，资金及相关资源是否跟得上？不接地气的纸上谈兵，不切实际的空谈幻想，最终必将失败。

即便目前的工作职责比较狭窄，你也可以开始有意识地拓宽视野，学习思考人才、战略及运营之间的内在联系。功夫不负有心人，有朝一日你会发现，某业务规划貌似很好，但在三个核心岗位上还存在较大缺口；而且就算在发现问题后，下定决心招人，预算也没了。

洞察三者之间的内在联系，还能帮你更好地执行落地，把想法变成现实。比如，当头绪众多、无从下手时，你要梳理各项工作的轻重缓急，什么时候应启动，什么时候要做完。假如需要组建一个精通算法及数据分析的技术团队，你得想想，这个团队什么时候需要到位？启动前，哪些准备工作需要先就绪？对于很多正在推动数字化转型的企业，资源分配也是一个棘手的问题，既要保证在构建数字化平台方面有足够的投资，又不能在现有产品及业务上落于人后。面对这样的难题，一定要把握好时机和节奏。

在进入新的区域市场时，时机和节奏的把握显得格外重要。究竟是要小步快跑，逐渐拓展，还是要大军压上，一举拿下？当年肯德基刚进入中国市场时，就没有急于求成，而是稳扎稳打，直到确信各方面条件成熟，尤其是在管理团队培养到位后，才开始大规模扩张。

优秀的企业领导者通常特别重视来自一线的声音，会根据实际情况来调整工作推进的方式及节奏，制定切实可行的工作目标，然后跟进落实，确保目标达成。

第 5 章　成为创意及执行大师（关键能力 3）

## 执行关键

关于领导力，博西迪可谓微言大义：你必须在。此话怎讲呢？就是说，作为领导者，你必须让大家感到，你真的与他们同心同德，真的在与他们并肩战斗。你必须对一线战况了如指掌，必须以身作则勇挑重担。要想练就超强的执行力，就要精通掌握以下三个关键内容：

- 制定目标，聚焦重点。作为高潜，你通常会以更宽的视角看待事物，在更深的层次上分析事物，因此你会看到更多、更复杂的细节。此时，你必须能够提纲挈领，这样做，不光是为了提升自己，也是为了你的下属。实际工作中往往千头万绪，要是每件事都重要，都要抓，那么什么事也做不成。作为领导，你必须能厘清头绪，分清主次，抓主要矛盾，给每个下属制定明确具体的工作重点。

  如果你自己还在云里雾里，还不擅长落地执行，也不要害怕，因为通过自身的勤学苦练、前辈的帮助指点，这个技能是可以掌握的。先明确具体工作，再针对每项工作制定阶段目标以及时间表。这样你就可以对照实际情况来评估工作进展，在必要时进行灵活调整。阶段目标并非只能是定量指标，定性要求也可以，比如在东南亚市场，找三家新的供应商；在新的区域市场，探索进入市场的有效路径与方法。

- 了解进展，及时准确。做好执行，需要你能够及时了解工作进展。具体的方式方法有很多，你可以参考福特公司前 CEO 艾伦·穆拉利的每周例会，也可以每两周一次，与每个下属通个电话，还可以亲赴现场，实地考察。如果出现事关重大的紧急情况，每天跟进也是必要的。

作为领导者，你不能总是亡羊补牢，等到出了问题，再去解决；你要未雨绸缪，防微杜渐，及早发现，及时解决。怎么才能做到呢？除了定期沟通汇报，你还要敢于挖掘表象之下的根本原因。项目进展迟缓，究竟是什么原因？如果问题出在人身上，即该项工作的负责人似乎突然失去了工作热情，你要继续深入，想想为什么。是因为不同部门间存在着利益冲突，还是因为项目成员间发生了人际矛盾？

层层上报的信息，往往会被过滤修饰，有时甚至严重失真。怎样才能准确了解实际情况呢？你面对坏消息的态度，就是关键。如果你因此迁怒于人，以后大家就不敢再对你讲真话了。因此听到坏消息，一定要就事论事，与大家共同分析探讨，把精力放在解决问题上。如果一时没有想出合适的办法，也不要着急，可以先制订计划、指派专人，之后继续努力，直到解决为止。

- 推动落实，严格跟进。在制订工作计划时，要做到明确具体。什么事，谁负责，什么时候做完，需达到什么要求，都要清清楚楚、明明白白。工作启动之后，就要定期严格跟进。做得好的，要表扬、奖励；做的差的，要指出、帮助。比如，对于那些遇到困难不退缩，百折不挠出成绩的下属，要及时肯定，公开表扬，在薪酬激励和职业发展上，优先予以考虑。这么做，不仅能激励这些优秀员工，还能带动整个团队。

博西迪就是这方面的大师。每次例会，他都会亲自跟进落实，细致了解工作进展及目标达成情况；一旦发现问题，他就会打破砂锅问到底。开会只是开始，会后他还会亲自给大家发会议纪要，让每个人都准确无误地知道自己的责任。为了鼓舞士气，他还会亲自给每个人写信，坚定他们的信心。

## 学习提问

好的问题，能帮你更敏锐地发现执行中的深层问题，更准确地判断下属的实际业绩，还能更好地预见问题、分析解决问题。提问无疑是非常重要的管理技能，但遗憾的是，我们所受的训练通常都是如何回答问题。有多少次，我们辛辛苦苦地准备了精美翔实的汇报材料，结果到了现场，却被一个意料之外的问题弄得措手不及、灰头土脸？

如何学习提问呢？向高手学。在开会时，把领导问的所有问题而不是答案记下来。客户调研、案例分析、董事会研讨，都是以问题为导向的。如果留心观察，你会发现有些关键问题会经常被提及。

好的问题必然是简洁且切中要害的；提问的语气不能夹带着奚落、嘲讽与指责，应该相互尊重，共同探讨。好的问题，还能帮你在纷繁复杂中厘清思路。下次写报告，可以试着从某个关键问题入手，这样条理会更清晰，分析会更加聚焦。

好的问题不仅能帮助你，还能帮助你的团队。如果坚持用同样的问题跟进落实，你就能逐渐影响团队的思维方式，使他们自觉地用同样的思路开展工作，真正做到防患于未然。

# 第5章 成为创意及执行大师（关键能力3）

## 高潜案例

这位高潜名叫洛夫·戈尔，是亿万富翁，也是 GVG<sup>⊖</sup>投资基金的创始人，主要投资于传统企业的数字化改造。《华尔街日报》《财富》杂志等全球财经媒体将其誉为"全渠道零售之父"。最近，他投资了深陷泥潭的巴西 B2W Digital 公司，正在努力把该公司建设成为拉美最大的电子商务公司。

20 多年前，戈尔还是一个年轻的 IT 男，什么都想学，什么都想干。那时芬格哈特（Fingerhut）公司请他加盟。这是一家总部位于美国明尼苏达州，有 50 年历史的目录零售（或目录销售）<sup>⊖</sup>企业。这就是戈尔快速成长成为高潜的地方。

戈尔早年还在很多世界知名的大企业工作过，比如苹果公司、嘉吉<sup>⊜</sup>（Cargill）、英国保诚<sup>®</sup>（Prudential）集团、西

---

⊖ 一家私募股权公司，以数字和全球化专长而闻名。该公司对快速增长的消费和零售业务进行投资。——译者注

⊖ 指运用目录作为传播信息载体，并通过电话、信件、短信、电子邮件等渠道向目标市场成员发布，从而获得对方直接反应的营销活动。——译者注

⊜ 成立于 1865 年，是一家集食品、农业、金融和工业产品及服务为一体的多元化跨国企业集团。业务遍及 68 个国家，拥有员工 155 000 多名。——译者注

四 英国最大的保险公司，创立于 1848 年，业务以人寿保险和基金管理为主，在英国、美国、亚洲和欧洲大陆等其选定的市场中提供零售金融服务和基金管理服务。——译者注

尔斯[一]（Sears）百货以及德勤（Deloitte）。之后，芬格哈特公司的 CIO 艾伦·比格内尔请他加入，负责公司的技术战略及系统架构设计。戈尔说："艾伦非常看好我，也非常看好公司的未来。他给我讲了电子商务，说这一新生事物会有很好的发展前景。在这个领域，我们这样的目录零售企业具有得天独厚的优势，因为我们拥有全美最大的直销平台。就这样，他说服了我。"

芬格哈特公司是目录零售行业的传奇，在业界享有盛誉，当时每年都有很多人慕名前来参观学习。对戈尔来说，这里也大有用武之地。该公司规模很大，年销售收入高达 20 亿美元，而且还非常重视 IT 工作，IT 预算占收入比高达 8%，远高于零售行业 2% 的平均水平。当时公司高层也意识到，此前在呼叫中心、配送中心及 IT 系统方面的投资过大，其实已经超出了业务的实际需要，因此要求戈尔控制住相关投资，并且找到行之有效的办法，将闲置的产能变现。

戈尔立即投入了工作。他先从控制 IT 费用开始，几个月的时间，就证明了自己。公司高层对其敬业度及专业

---

[一] 曾经是美国也是世界最大的私人零售企业，由理查德·西尔斯于 1884 年创建，后于 2005 年被美国凯马特公司并购，组成了美国第三大零售业集团。——译者注

度都非常认可，因此决定委以重任。他们听说美国电视购物频道 USSB[一]正在进行战略调整，决定专注于前端，做好电视购物节目，将配送、客服等后台服务全部外包。虽然公司从未做过外包，但这个机会似乎能解决闲置产能的问题，于是他们请戈尔研究看看这件事是否值得尝试。

参加竞标的对手很多，投标的期限也很紧。事不宜迟，马上行动。戈尔抽调了各部门的精兵强将进行头脑风暴，经过 4 小时的热烈讨论，大家发现这个商机很大，价值高达上亿美元。这引起了公司高层的兴趣，于是当即决定，让戈尔再深入下去，一探究竟。

"一声令下，马上开工。我们四处打电话请教专家，读各种研究报告，进行各种数据分析，到了半夜，我们发现这个商机巨大，5 年价值 10 亿美元。"

面对 10 亿美元的机会，戈尔没有胆怯，更多的是激动兴奋。"我知道挑战很大，一方面是自身能力，毕竟之前没有做过外包服务；另一方面是对手实力，参与竞标的公司有 24 家之多，其中包括美国电子数据系统[二]（EDS）公司及埃森哲这些专门做外包服务的行业巨头。但我们越深

---

[一] 美国卫星广播公司，是一家卫星电视公司，成立于 1981 年，1999 年并入 DirecTV。——译者注
[二] IT 服务外包企业，世界 500 强企业。——译者注

入分析，越坚信我们有独特的优势，能战胜对手，脱颖而出。"

当时已过了夜半时分，但戈尔还是给公司的首席运营官（COO）打了电话。他说："非常抱歉这么晚吵醒您，但我们亟须您的支持。这份合同价值10亿美元，3天后就要投标，而且所有公司都会参与竞标。"

COO回答说："好吧，明天一早我就召开管理委员会及董事会特别会议来讨论如何决策这件事。请你们参会，我们想听听你们的分析及建议。"

第二天会上，戈尔信心满满，但也有人表示怀疑。他们提醒说，戈尔及其团队在外包服务方面完全没有经验，如果希望通过外包解决闲置产能问题，是不是应当循序渐进，从一个规模较小的项目开始做起。戈尔回应道："这么想很有道理，为电视购物频道提供全面的后台外包服务解决方案，的确不是件简单的事。但是经过昨天晚上的挑灯夜战，我们看到了自身的强大实力。我们的核心优势在于数据，我们有全美3200万个消费者，每个消费者有超过3000个的数据；我们有全美1亿个家庭，每个家庭有超过1500个的数据。这样的数据优势，无人能及。在此基础上，我们能实现最高的交叉销售、最有效的消费升级、最深入的客户分析，再加上我们的客户营销能力、库存管理能力，我们的确很具有竞争力。"

戈尔的信心与激情很有感染力，而且他控制IT费用方面的业绩结果也很有说服力，最终公司高层批准了他的建议，参与了这次投标。结果芬格哈特公司真的成为最后的赢家，一举拿下了这份价值10亿美元的合同。之后的实施，当然也由戈尔负责。在不到2年的时间里，戈尔率领团队建成了当时世界上最大的电子订单配送服务平台。正是在这个平台上，沃尔玛启动了其电子商务业务，李维斯完成了第一条牛仔裤的线上销售。

就在戈尔加入公司的头几个月，营销副总找到了他："目前，我们的电子商务业务很小，只有500万美元的规模，对此我不太满意。你认为电子商务的潜力有多大？"于是，戈尔带着公司的电子商务团队，开了次集体研讨会。尽管发现了很多问题，但这些人才还是很优秀的，而且公司有很多优势资源，完全可以把电子商务业务做大做强。"我确信电子商务的潜力很大，但究竟有多大，我还不知道。"

于是公司高层请他负责此事。戈尔请大家放下一切历史包袱，假设今天从零开始，根据外部的市场环境及内部的各种资源，如果一切都能进展顺利，那么电子商务到底能做多大？

当时，贝佐斯的亚马逊才刚注册不久，其电子商务业务也是刚起步。在很多人眼里，电子商务只是个新生事物，热闹一阵过后，自然就会销声匿迹了。

戈尔则不这么看，他认为以芬格哈特公司的独特优势，完全可以成为全球最大的电子商务公司。"我们在直销方面高手云集，今天大家热议的算法，我们当年就能做。我们在如何精准营销，如何交叉销售，如何推动消费升级等诸多方面，远远超过了当时的任何对手。"

他看到，如果投资1000万美元，电子商务的业务规模能在12个月内实现10倍的增长。他成功争取到了预算，投资之后结果喜人，不到12个月，业务规模就长了10倍多。戈尔开始反思，这意味着什么？

"我突然清晰地意识到，我们真正要做的是一个技术平台，一种全新的、规模远超过当时任何一家电子商务公司的平台。"

在过去50年里，芬格哈特公司历来都是依靠自己开发的软件来管理客户信息、处理客户订单的，依靠这些独有的软件系统,公司成为全美规模最大、利润最高的目录零售企业。公司一把手很支持戈尔,还特许他与外部企业合作,共同开发这一技术平台。戈尔分别找到了仁科㊀(PeopleSoft)公司的创始人大卫·杜菲尔德以及甲骨文公司的创始人拉里·埃里森,建议他们为自己开发技术平台。为了说服他们,戈尔同意与他们分享知识产权,让他们使用公司自行开发的软件系统,而且技术平台建好后,搭建平台用到的软件工具也可以卖给其他公司。在这样的合作框架下,全球第一个电子商务平台很快搭建完成,还为芬格哈特公司节省了6000万美元的建设成本。

回看1999年,芬格哈特公司的电子商务业务规模是全球最大的,比亚马逊还要大。

实践出真知。戈尔的远景蓝图越来越清晰,他看到电子商务的市场潜力是无限的,因为无论什么商品、什么服务,都可以借助这一平台走进千家万户。鲜花、百货、珠宝、需要分期付款的家电,什么都可以在平台上卖;无论出生背景、收入水平,什么人都可以去平台上买。"我们意识到,我们完全有能力比任何一家对手都做得更好、更快。这种感觉特别好,因为机会真的是无限的。"

---

㊀ 成立于1987年,曾是协同合作企业软件方面全球领先的供应商。2004年被甲骨文公司收购。——译者注

除了自身的业务发展，戈尔还为公司筹建了一个风险投资基金，专门投资于他们非常看好，能够通过公司资源增值但公司决定自己不做的领域。在他的主导下，该基金投资了20多个与电子商务相关的创业项目。

貌似一帆风顺，实则危机四伏。即便是方向正确、规划缜密、执行无误，也未必能确保成功。1999年，芬格哈特公司被美国联合百货㊀（Federated Department Stores）公司收购，与梅西百货（Macy's）、布卢明代尔百货（Bloomingdale's）一样，成为联合百货公司旗下的八大子公司之一。随之而来的，是新的管理层，新的管理机制以及新的经营理念。

每个月，联合百货公司的四位高管都会到芬格哈特公司视察，戈尔及公司高层会向其进行业务汇报。8月年度预算工作开始启动，戈尔认为电子商务业务在第二年需要继续投资1.5亿美元，好在公司在第二年的自由现金流预计可达1.68亿美元，足够投资所需。"我们正在做的是全球最大的互联网业务，而任何基于互联网的业务机会都

---

㊀ 成立于1929年，总部位于美国辛辛那提，在全美34个州、关岛及波多黎各拥有460家商店，是美国领先的大型百货零售商之一。——译者注

前景巨大。当时的互联网企业，比如亚马逊、美国在线⊖（AOL）、雅虎，每一家公司都在进行大规模的投资。"

事与愿违，联合百货公司的高管们却不这么看，他们的批复是投资预算不得超过 5000 万美元。

戈尔及其团队没有放弃，他们在 9 月再次向联合百货公司的高管申请，结果又是无功而返。

到了 10 月，芬格哈特公司的 CEO 威尔·兰辛决定亲自出马，做最后一搏。为此，他做足了准备，回溯了公司电子商务业务的发展历程，总结了迄今为止取得的业务成绩，勾勒了未来的发展前景。他的陈述不仅逻辑清晰、分析严谨，还恳切真诚，极具感染力。戈尔回忆道："在那次会议上，他说的都是掏心窝子的话。"

1 小时的汇报结束了，会议室里一片寂静。联合百货公司的高管也都心知肚明，知道这次会议关系重大。

"打破这片寂静的，是联合百货公司的 CFO。刚才的汇报，她显然没听懂，甚至连句谢谢都没有说。她只是问

---

⊖ 总部设在弗吉尼亚州维也纳的一家在线信息服务公司，可提供电子邮件、新闻、教育和娱乐服务，并支持互联网访问，曾是美国最大的互联网服务提供商之一，2000 年与美国时代华纳公司合并，2015 年被美国最大的电信运营商威瑞森电信收购。——译者注

了个愚蠢的问题，确认了下财务报表里的一个无足轻重的数。就在那一刻，我想明白了：我们真的完了，所有的努力都白费了。"

此次参会的联合百货公司的其他高管与 CFO 是一丘之貉，1.5 亿美元的投资预算自然也是竹篮打水。3 个月后，戈尔离开了公司；6 个月后，芬格哈特公司的高层几乎全都撤了。1 年后，该公司的电子商务业务宣布破产，最后一卖了之。

"事情过去快 20 年了，但这仍是我心中永远的痛。在那时，我们能有这样的远见卓识，已然实属不易。但要说服那些高管，实在是人力所不能及啊！时至今日，我还会时常想，要是当年继续做下去，我们今天将会是什么样？"

# 第 6 章
# 研究客户、对手及环境（关键能力 4）

对你而言，每天的本职工作已然非常繁忙，再加上来自公司上下的各种需求还会不期而至，真是令人应接不暇，有时甚至是疲于奔命。但作为高潜，如果你真想提高自己的时间回报率，就必须打破这样的困境，不能只顾埋头拉车，没有时间抬头看路。你必须花时间深入了解客户、竞争对手以及宏观环境，不断拓宽视野、提升格局。对大多数人来说，了解客户及对手是日常工作的一部分，都或多或少有所研究，但谈到宏观环境，往往"欠账"的就比较多了。

在这个充满不确定性的变革时代，了解宏观环境其实更为重要，比如全球地缘政治、金融体系、社会及人口发展趋势、各国的监管环境及相关政策等，这些因素往往错综复杂，而且彼此相互作用，在不经意间就能掀起滔天巨浪，对企业经营产生重大影响。因此，企业领导者都必须加以密切关注，必须练就火眼金睛，从大量的新闻、信息及研究报告中捕捉变化的端倪，洞察变化的趋势。作为高潜，这也是至关重要的必修课。你必须把稀松平常的"随便看看"变成严谨自律的"管理习惯"，有意识地寻找新动向、发掘新机会。

## 观察客户

在互联网的时代，消费者已经牢牢占据了主动权。在美国，1/3 的家庭已成为亚马逊的高端会员，几乎人人在购物前都会去亚马逊上看看货、比比价；如果买车，有一半人会先上 AutoNation（美国的一家购车网站）研究一番。通过互联网及各种手机 App，消费者可以随时随地搜索商品、比较价格、参看评价。简而言之，信息高度透明，获取极为便捷，而且成本几乎为零。对中国读者来说，这就是大家再熟悉不过的日常生活。

正因如此，一个重大的变化正在悄然形成。往深一步想，你就会发现，当今时代，消费者购买的，已不仅仅是一个简单的商品，还是一个端到端的用户体验。什么是端到端？就是从消费者起心动念开始，比如收到了某个广告推送、听了某个朋友的推荐或者看了某个朋友圈晒图，到购买、使用及后续服务等的所有环节，所有环节加在一起，就是用户体验的全过程。

如何深刻理解用户体验呢？最简单的方式就是从自己开始，把自己当作消费者，从头开始思考端到端的用户体验。比如，当你买东西时，从最初知道，到了解研究，到动心想买，到下单购物，到收货，到使用，到接受服务的全过程是什么样的？从哪些渠道了解产品、品牌及厂家的信息？根据哪些因素决定产品的选择？在哪些环节与卖家、厂家及其相关方产生了接触？购物收货体验如何，产品使用体验如何，相关服务体验如何？归根结底，下次是否还会购买，是否会推荐给朋友与家人？

以航空公司为例，在大家司空见惯的"坐趟飞机"背后，端到端的用户体验的全过程多达 68 个环节，包括选票订票、托运行李、接受客舱服务、到达中转、查看网络及手机 App 发布的信息与乘客提醒等。对每个环节都可以认真思考，深入挖掘。比如，很多乘客早在有具体的飞行需求前，就对某家航空公司情有独钟，这是为什么？这种偏好及忠诚度是怎么培养起来的，是通过杂志广告，还是另辟蹊径？哪个环节会加分，哪个环节会扣分？出现什么情况，会令乘客咬牙切齿地对天发誓以后绝不再坐你们家的航班了？

端到端地系统梳理用户体验的全过程，不仅能让你真正深刻了解客户，把握用户体验的关键点，还能让你对企业经营有全新的认识。

尽管用户体验看的是全过程，企业在组织经营时却往往是条块割据，不同职能、不同部门各自为政，有些环节还要依赖外部供应商或合作伙伴完成。即便是在自有物流方面投入巨大的亚马逊，也会需要依靠其他物流企业，共同完成高质量、高实效的商品交付。无论企业经营如何组织，外部合作如何开展，对消费者而言，都是其整体用户体验的一部分。从这个角度看，对你而言，无论身处企业的哪个层级、哪个职能、哪个部门，也都是用户体验的一部分。通常，企业的中层领导在日常工作中，还有机会与客户有直接的接触；很多身居高位的领导者，往往很难真正深入一线，日积月累，难免与客户渐行渐远。这样的领导抓业务，往往主要是看数据、结果，对于涉及客户的议题，却鲜少提及。

然而，最终买单的，还是客户。也许你对数字技术非常痴迷，认为数字技术会撬动规模巨大的市场机会。技术创新固然重要，大数据及算法固然威武，但任何好的商业构想，都必须基于对客户需求的深刻理解及敏锐洞察。因此，你必须花时间、心思去观察客户、揣摩客户，提升自己的客户洞察能力。

印度商界大亨基肖尔·比亚尼[一]就是这方面的大家。他创立的未来集团（Future Group），最早是从零售业起家的，其中包括百货连锁 Pantaloons 和卖场连锁 Big Bazaar，被誉为"印度的沃尔玛"。比亚尼非常重视客户研究，并会根据客户需求来决策不同细分市场的选择以及不同品类的取舍。

对此，他不仅高度重视，而且亲力亲为。时至今日，他每周还会亲自巡店两次。他说："我们一定要认真观察客户，看他们买什么东西，由谁决定买什么，看他们的穿着打扮和行为方式。零售行业瞬息万变，我们必须了解社会潮流，把握发展方向，洞察变化背后的根本原因。"比亚尼的团队会细致分析客户行为，预测客户行为是否会发生变化，并探究客户对新生事物的接受程度。

感性的观察与理性的分析总是相辅相成的。比如 2013

---

[一] 未来集团的创始人兼 CEO。该集团总部位于孟买，业务范围包括零售、品牌管理、房地产及物流服务等领域，是印度首屈一指的企业集团。——译者注

年年底，比亚尼就观察到了一个有趣的现象：有些村子里的小姑娘在拜庙时，竟然穿着牛仔裤。这在以前可是大不敬的行为。他认为这一动向反映出了两个问题：一是对西方服饰接受度的提升，二是对年轻女性尊重度的提升。"如果牛仔裤被接受，类似的变化也会被接受。社会在发展，家庭管教也在变得更为宽松。"这表明孩子在购买决策方面，也拥有了发言权㊀。

这样的观察，对业务发展，意义重大。

## 研究对手

想必大家都知道，要想拉开与竞争对手的距离，就必须构建自身的独特性，形成差异化竞争优势。这个道理不言自明，但要特别提醒的是，这种独特性必须从客户的角度去构建，必须对客户有意义。

很多人一提到竞争优势，就会落入"以我为主"的陷阱，比如"我们的企业规模，要比张三大得多"，或是"我们的成本，要比李四低得多"。这些优势的确重要，但还不足以支撑公司未来持续取胜，持续享有高份额、高售

---

㊀ 详情请见查兰著作《求胜于未知》（本书中文版已由机械工业出版社出版）。

## 第6章 研究客户、对手及环境（关键能力4）

价、高毛利。此外，也不能光看眼前，对自己目前享有的竞争优势沾沾自喜。要放眼未来，思考一年、两年、三年之后，竞争态势会发生什么变化，到那时，贵司是否还能持续领先，独步江湖？

当今时代，只要稍加留意，就能获得关于对手的大量信息。上网搜搜、跟朋友聊聊，或参加行业会议，如果对方是上市公司，还能参加其面向投资人的各种公开会议。如果对手正在某个领域不惜重金大举网罗业界顶级人才，同行之间肯定会听到风声，当地媒体没准也会加以报道。对此，你要重点关注，看看它们所招人才的相关背景。比如，如果你从事的是生命科学、医药健康、可穿戴设备等行业领域，当你发现苹果公司正在大量招聘医疗行业的顶级专家时，就值得深思，此举背后，究竟有何深意。

如果对手信息已收集了很多，建议你在分析研究时，特别关注来自客户的声音。比如，他们如何选择品牌，为什么在更多情况下会买对手的产品。社交媒体就是一个很好的切入点、风向标。大众"尾气门"<sup>㊀</sup>，最早就是在社交

---

㊀ 2015年9月18日，大众汽车集团因在所产车内安装非法软件、故意规避美国汽车尾气排放规定，被美国环保局提出指控。此次涉案车辆包括大众汽车集团2008年以来在美国销售的约48.2万辆柴油车，涉及的品牌包括捷达、甲壳虫、高尔夫、帕萨特和奥迪A3。——译者注

媒体上被爆料的。

归根结底，企业的竞争优势源于企业中的人，尤其是关键决策人之间的互动协作及其决策机制。因此，当你研究对手时，你要知道其关键决策人是谁，他们的风险偏好如何，他们是否在寻求新的合作伙伴或供应商（很多时候，更换供应商及合作方，往往预示着企业战略方向的调整），他们在面对新的技术趋势及社会潮流时，是能与时俱进，及时调整，还是会墨守成规，落于人后。如果在这些关键岗位上发生重大的人事调整，你就必须倍加留心，因为既往的竞争格局很可能就此打破。

要想领先对手，就必须能够先于他人洞察到未来变化的端倪。比如，有些貌似很不起眼的小公司，是否有朝一日会成长为强大的对手？也许一家创业公司在日后会卷走对你利润贡献最大的细分客户群。数字时代，瞬息万变。对很多互联网企业来说，服务新增客户的边际成本几乎为零，因此它们往往会以超低的价格疯抢客户，迅速占据市场份额。也许，有些公司目前还处于初创阶段，规模尚小，还不足以产生任何实质性的威胁，但你绝不能掉以轻心。一旦它们与某家实力雄厚、能力互补的大企业形成战略联盟，或者得到大规模的资金注入，其发展速度、成长潜力，都不可小觑。除此之外，如果两家对手合二为一，你也要特别关注，因为行业格局必将因此改变。这种洞察力对你自己和你身边的人，以及你所在的企业，都会带来极大的益处。

了解客户、了解对手，都需要你亲力亲为，深入一线。这就是为什么很多知名的企业家，尤其是零售行业及消费行业的，无论工作多么繁忙，都会亲自巡店。比如，前文提到的印度商界大亨比亚尼；沃尔玛的创始人山姆·沃尔顿也是如此，亲自巡店是他终身坚持的管理习惯。

优衣库，想必大家都知道，估计很多人都去那里买过衣服。这家风格时尚、价格亲民的服装连锁店，赢得了很多消费者的青睐。其实优衣库已有 75 年的历史，但在很长时间里都不为人知，直到最近的 15 年，因其成长迅猛，才渐渐走进了大家的视线。截至 2015 年，优衣库在日本及全球其他地区，已各有 800 多家连锁店。

尽管外界推崇备至，各种赞誉不绝于耳，优衣库所属的迅销⊖（Fast Retailing）公司掌门人柳井正先生并没有因此放慢前进的脚步。他看到诸如算法等新技术的巨大威

---

⊖ 迅销公司最早是 1949 年由柳井正的父亲个人创立的小郡商事，以经营男性服饰为主。1984 年，他接替父亲成为小郡商事的社长。1991 年，柳井正将小郡商事改名为迅销公司。——译者注

力,诸如亚马逊等新型零售的巨大成功,他坚信数字技术将颠覆整个零售行业。因此,2016年,他下定决心,要带领企业迈上下一个新台阶。他告诉我:"数字革命将改变一切。传统意义上的不同业态,比如纺织、服装及零售等,将彼此融合。谁能更好地满足消费者,谁就是新时代的赢家。"

全面再造优衣库,绝非易事。为此,柳井正决定亲自点兵,选拔一批高潜,让他们作为星星之火,负责推动变革。他对公司上下非常了解,对自己的识人能力也非常自信。他相信,如果他们现在能够堪此重任,未来就有可能担当高层要职。除此之外,他还很欣赏他们的思维方式。他说:"在我们公司,很多高管是左脑思维,思维线性、逻辑性强。这次,我特意选择了右脑思维能力强的,他们看问题比较全面,大局观好。右脑思维型的人,往往直觉敏锐,品位很好,善于审美,适合做设计师、摄影师及艺术家。只要聊上几句,或者稍有共事,我就能准确区分。"

经过审慎的选拔,他最终锁定了来自不同业务、不同职能以及不同职级的38位高潜,而公司高层则无一在列。尽管这些高管位高权重、资历深厚、经验丰富,但柳井正认为他们更适合在其他岗位上发光发热。

## 第6章 研究客户、对手及环境（关键能力4）

2016年3月，这38位高潜首次聚集一堂，全面再造优衣库就此正式启动。这次的研讨会由我和柳井正先生共同主持，向他们介绍了项目目的，还给他们布置了作业。他们要在本职工作之外，做些研究分析及头脑风暴。他们六七人一组，第一项作业就是深入一线，去巡店，其中包括优衣库自己的门店、竞争对手的门店，还有一些其他零售商的门店。作业的目的就是要他们细致观察，深入研究消费者、竞争对手，再把自己的观察发现、研究心得与小组成员分享。整个项目组每月会进行一次集体研讨，届时各小组也将分享汇报各自的真知灼见。虽然这份作业让很多人感到非常陌生，尤其是那些来自研发、财务、人力及供应链等职能条线的同事，但大家都全情投入，非常认真地完成了作业。

在第二次集体研讨会上，一个重要的问题浮出了水面。在分享心得时，大家谈到，门店店长往往疲于应付各种总部要求的行政工作，几乎没有时间真正关注客户、关心员工，甚至连业务管理工作，比如哪些单品卖得火，应当加紧补货，哪些单品卖不动，应当降价促销，也无暇问津。

会后，公司负责门店管理的执行副总裁立即着手加以解决。一是减少了源自总部的行政工作要求，报告减半；

二是加强了门店经理的业务培训；三是调整了区域经理（一名区域经理通常管理七家门店）的职责分工，要求他们必须花更多的时间精力，帮助各家门店做好店面陈列、对手分析及其他业务管理工作。

另一个讨论热点，就是优衣库的主要对手——ZARA。大家的观察非常一致，即优衣库门店通常非常整洁，商品陈列非常美观；ZARA在这方面稍差，价格也稍贵，但在补货方面，优势明显。优衣库高层对此也非常了解：优衣库单品的生命周期大约为12～16周，而ZARA只有三周。研究发现，其背后的重要原因是，ZARA高达70%的单品是标准化的，可以小批量生产，因此无法按时交货的情况相对较少。

一经发现，马上解决。比如，减少优衣库的单品数量、重新设计订货补货系统等。这些举措不仅直接影响公司目前的竞争能力，还给公司未来的发展前景指明了方向。

与此同时，观察客户、研究对手的练习，也悄然改变了这些高潜思考业务的视角。他们其中有些人，此前几乎足不出户地奋战在办公室里，现在对外部市场的敏感性有了很大的提升。他们都无一例外地提高了全局观，看到了不同职能、不同业务、不同部门与公司整体之间的关系，因而也更有意愿帮助他人、多做贡献。这些高潜的视野更宽、格局更高，非常渴望成为推动变革的先锋官。正如其中一位在9月研讨会上说的那样："我们已把自身理念调整到位，我们已为推动变革做好了准备。"

在优衣库，研讨客户、研究对手已经蔚然成风。无须领导提问，大家会主动与同事、老板及下属，分享自己的观察，研讨各自的心得。跨部门会议是绝佳的场合，因为不同背景、不同视角，会带来更大的收获，会让最终的决策更为科学。

## 解析生态圈

当今时代的市场竞争，已不再是单个公司之间的单打独斗，而是各自所处生态圈之间的集体较量。同一生态圈里的企业相生相息、休戚与共。比如，阿里巴巴及亚马逊就依托各自的电商平台，构建了各自的生态圈，让数量众多的买家与卖家齐聚一堂。作为平台的设计者及拥有者，阿里巴巴及亚马逊还肩负重任，约束着生态圈各方的行为，维持着生态圈良好的秩序。通用电气公司也有一个开放平台，即 Predix[○]。该平台基于物联网技术，能够将各种智能设备中的传感器收集的数据信息，实时传回其制造商或其他相关方。这个平台就构成了一个生态圈，圈里有 2 万多名软件工程师，其中无一是通用电气公司的员工，还有一些耳熟能详的世界知名企业，也是圈里人，比如思科及塔塔咨询服务[○]（TCS）公司等。在这个生态圈里，专家云集，大家通过数据分析不断寻求降低机器设备的空载损耗、提高其使用效率的方法。2016 年初，当海尔收购通用电气公司的家电业务时，其中一个交易安排就是有关 Predix 平台使用的合作协议。

基于生态圈的市场竞争不同以往，构建在生态圈上的竞争优势则更是不同寻常。通过下面苹果公司的案例，你就能有个直观的认识。大家都知道，苹果手机上的很多内容及应用都不是自己做的，而是依赖其生态圈里的小伙伴儿——数量庞大的第三方软件开发商。现在，这个生态

---

○ Predix 是通用电气公司专为工业数据的采集与分析而开发的操作系统，它不仅能同步捕捉机器运行时产生的海量数据，还能对这些数据进行分析和管理，做到对机器的实时监测、调整和优化，提升运营效率。通用电气公司已宣布向所有工业互联网开发者全面开放 Predix 平台。——译者注

○ 成立于 1968 年，隶属于印度最大的工业集团——塔塔集团，在全球 IT 服务公司中市值排名第二，是亚洲最大的软件服务咨询公司之一，也是印度最大、历史最长的软件研发中心和软件出口商。——译者注

圈又迎来了一批新人——Apple Pay 的合作商家。迄今为止，在美国接受 Apple Pay 的商家，已达 200 多万家，这与 2014 年 Apple Pay 刚推出时的数量已不可同日而语。根据《财富》杂志 2016 年 7 月的报道，Apple Pay 已经占据了美国移动支付市场 3/4 的份额。如果有企业想跟苹果公司在移动支付领域一决高下，那么不仅支付系统本身要过硬，而且还得赢得数量足够多的零售商家的大力支持。这就是基于生态圈的强大竞争优势。

过去，企业领导者都企图控制，控制产业链、供应商、消费者乃至控制一切，但时至今日，我们必须转换思路，从生态圈的角度来看问题。比如，你必须接受与对手同处于一个生态圈。如果你的企业规模较小，需要融入其他企业的生态圈，千万别觉得这就意味着你失去了对企业的控制，也许借助这个更大的平台，你的企业会有更大的发展。

随着无人驾驶技术的日益发展，汽车行业的格局必将发生巨变。很多令人振奋的技术发展和新型设计，并非出自传统厂商，而是源于行业新军，比如特斯拉、御眼⊖（MobileEye），甚至谷歌这种貌似与汽车行业根本不沾边的

---

⊖ 一家以色列初创公司，为行业内多家知名汽车制造商提供先进的计算机硬件和软件，帮助汽车识别出道路上的各种对象。——译者注

企业。整车行业的格局变迁，势必会影响到零配件市场。要想持续保持领先，必须未雨绸缪，尽早布局未来。德尔福派克电气公司<sup>⊖</sup>正是这样的代表。2016年8月，该公司与御眼达成了战略合作协议，为自己在一个更大的生态圈里赢得了一席之地。

孟山都旗下的天气大数据公司（Climate Corporation）正致力于把自己的精细农业服务平台打造成行业第一平台。该公司也对第三方软件开发商开放，欢迎他们在其软件平台上开发出更多更好的应用。任何想要更好地监测土壤成分、天气变化等因素，更好地提升农用设备的使用效率的人，都能即时访问该平台，成为该平台的用户。那么，谁能有幸进入孟山都的生态圈呢？该公司CEO休·格兰特先生在2016年8月的一次投资人见面会上这样说："谁的应用最好，谁就上。"

## 预见未来变化

在这方面，很多业界资深的领导者也会栽跟头，尤其是那些来自相对稳定、变化缓慢的行业或企业的高管。他

---

⊖ 成立于1890年，总部设在美国俄亥俄州，是全球最大的汽车线束系统制造厂商，世界500强企业。——译者注

们的管理逻辑是：聚焦对手，构建差异化的竞争优势；聚焦强项，提升自己的核心竞争力。

这样的思考逻辑，会使人陷入"以我为主"的固有思维模式，仿佛自己是世界的中心，观察万物都带着自己的"偏光眼镜"；除了关注数量有限的几家对手，几乎看不到外部环境的变化。这样的公司，即便貌似还挺健康，但持续的缓慢下滑，早晚有一天会变成灭顶之灾。将它们打败的，很可能是那些它们从未留心过的、行业外的新军。这样的跨界打击，往往是最致命的。

真正的企业家，不仅能敏锐地发现外部变化，还能先于他人预见未来变化。这不仅给了他们宝贵的时机来应对挑战，更重要的是给了他们绝佳的契机借势而上，创造属于自己的独特胜机。网飞公司 CEO 里德·哈斯廷斯，就是这样的人。早在该公司还在做 DVD 租赁及销售连锁店业务时，他就看到了基于互联网的流媒体服务才是未来的大势所趋。于是他果断决策，主动转型，推出了网络视频的新业务。（如今，该公司已成为新时代的翘楚，而其老对手 Blockbuster——过去的行业老大，早已宣布破产。）

流媒体之后,娱乐行业还要关注什么新技术呢?5G[一]无疑是需要关注的重点。5G一旦推出,手机用户就能通过移动网络在手机上看到高品质的视频节目。正如网络视频的出现已极大地冲击了传统的电视广播行业,5G的广阔应用前景,必将吸引更多的互联网企业大举进军。亚马逊及Hulu[二]就是这类行业新军的代表。在移动视频的新时代,娱乐行业的游戏规则及竞争格局会出现什么样的新变化呢?

要做到预见变化、变中求胜,就必须先从着眼于外、发现外部变化做起。你需要拓宽视野,关注外部环境的变化,捕捉那些不可阻挡的大势所趋,发现那些正在引发巨变的变革引领者。因此,你不能只关注自己所在的行业领域、区域市场,还得放眼全球、关心宏观。在刚开始这么做时,你可能会觉得有点儿招架不住,因为要看的信息实在是太多!但如果你是真正的高潜,你应该很快就能找到

---

[一] 5G指的是第5代移动通信技术,是为了满足智能终端的快速普及和移动互联网的高速发展而正在研发的新一代移动通信技术。相比4G,5G将具有更高的速率、更宽的带宽,可以满足消费者对虚拟现实、超高清视频等更高网络体验的需求。同时,它将具有更高的可靠性和更低的时延,能够更好地满足自动驾驶、智能制造等行业的应用需求,真正实现万物互联。——译者注

[二] Hulu是由美国国家广播环球公司和福克斯公司成立的一家网络视频网站,于2007年10月推出测试版,2008年3月正式启动,网站提供经过授权的正版影视作品和电视节目。——译者注

真正重要的宝藏。

如果贵司是上市公司，那么恭喜你，因为你可以从外部的股票分析师和积极参与公司经营的维权派股东⊖（shareholder activist）那里获得很多帮助。比如，上市公司会定期举办面向股票分析师的公司经营情况电话会，你可以参加；股票分析师会定期发布自己对公司的研究报告，你可以参考；你还可以跟公司负责投资者关系的同事聊聊，看看资本市场是如何评价贵司的。有的维权派股东特别认真积极，甚至会撰写详尽的研究报告，给公司管理层建议指导。他们会基于公开信息，深入分析公司情况，因此他们的建议指导经常能让管理层及董事会眼前一亮，暗自思忖："我们怎么早没想到呢？"决策层一旦达成共识、付诸行动，公司就有可能把握住稍纵即逝的市场机会，把精力聚焦在提升业绩的关键点上，比如快速调整业务定位、及时优化业务组合、快速降低管理费用等。

尽管有些公司管理层与维权派股东的关系非常紧张，有时双方的冲突还会加剧，甚至见诸报端，但越来越多公司的管理层及董事会对维权派股东的建议还是相当重视

---

⊖ 指的是积极参与公司治理的外部股东，比如当上市公司董事会的决策不符合股东利益时，这部分股东会凭股权对公司管理层或董事会施加压力。——译者注

的。正如中国人常说的"当局者迷",有些外部视角还真的能一语中的,切中要害。比如,通用电气公司的管理层与其维权派股东就保持着良好的互动。在通用电气公司的投资人中,有美国著名的对冲基金 Trian Partners[⊖]。这家基金公司会对所投资企业进行深入研究,2015 年 10 月,他们完成了长达 80 页的研究报告,指导通用电气公司如何提高业绩。正因如此,通用电气公司的 CEO 杰夫·伊梅尔特才会定期与 Trian Partners 开会交流,探讨他们对公司管理的真知灼见。

早在维权派股东成为大势所趋之前,家得宝公司董事会就主动进行了类似的接触与沟通。当时,该公司的首席董事邦妮·希尔和董事会审计委员会主席代表公司,与其主要投资人——Relational Investors 投资公司进行了深入交流,确保公司能够充分理解投资人的种种顾虑。双方在初次见面时,希尔主动提问:"如果受邀加入公司董事会,谁会是合适的人选?"经过全体董事会的慎重考虑及细致调研,最终邀请了该投资公司的大卫·巴彻尔德出任家得宝公司的董事。事实证明,这个人选是非常正确的。

---

⊖ 成立于 2005 年,创始人为亿万富翁尼尔逊·佩尔茨、埃德·加登和彼得·梅。该基金专注于消费品、工业及金融行业投资,管理资金超过 100 亿美元。——译者注

## 第 6 章　研究客户、对手及环境（关键能力 4）

要做到预见变化、变中求胜，还要虚怀若谷，愿意倾听不同意见；还要能见微知著，从目前还不起眼的小公司、年轻人身上看到巨大的潜力与未来。比如，现在共享经济如火如荼，大红大紫的创业公司，世界各大顶级媒体如《华尔街日报》《财富》杂志都有很多报道，但在创业之初，不都是不为人知的小公司吗？

对那些正在引领变革的人，你需要特别关注，待时机成熟时，还应当让公司高层知晓。我把这些人称为"变革引领者"，他们也许是商界领袖，也许是科学家，也许来自政界，也许来自公益行业。比如当年，拉尔夫·内德㊀的《任何速度都不安全》一书，就深刻揭示了汽车厂商忽视消费者安全的内幕。该书影响极为深远，不仅改变了消费者及监管部门对汽车安全性的认知，促成了汽车安全的全面升级，还一举造就了规模高达几十亿美元的汽车安全市场。天合（TRW）汽车公司就是受益者之一，它目前是全球汽车安全气囊及其他安全系统方面的主要供应商。

再比如，纽约前市长迈克尔·布隆伯格先生。他在其任期内大力推广健康饮食的理念，还下令禁止在纽约市内

---

㊀ 美国政治活动家、作家、演讲家和律师。1934 年 2 月出生于康涅狄格州温斯特德，曾于 2004 年和 2008 年以独立候选人的身份参加了美国总统大选。《任何速度都不安全》出版于 1965 年。——译者注

出售大包装的含糖饮料（后来该禁令被法庭驳回）。他的积极倡导，赢得了世界各地的积极响应。2014年，墨西哥政府出台了相关政策，对售卖含糖量高的碳酸饮料者课以重税。

## 追踪技术创新

技术创新无疑是推动社会发展的重要力量，但技术创新不是从石头缝里蹦出来的，无论是技术创新本身、新技术的商业化应用，还是基于新技术的业务模式创新，靠的都是人。因此，每当出现新技术的时候，你都要认真思考，谁能依靠这项新技术创造出全新的市场空间？哪些新的企业会横空出世？对于现有企业，这些意味着什么？

过去十年，算法、传感器、复杂软件及高速计算等领域都取得了长足的发展，这些技术进步极大地改变了人们的生活方式及工作方式，对各行各业都产生了深远的影响。比如，生物制药公司正在运用数据分析的方法来提高新药研发的效率。美国安进[⊖]（Amgen）公司凭借其尖端的DNA分析技术，能有效识别某种特殊的DNA缺陷，将心

---

[⊖] 一家生物制药公司，成立于1980年，总部位于美国加利福尼亚州，现已在纳斯达克上市。——译者注

脏病发病率降低 35%。基于这一重大发现，该公司正在研究一种新药，希望能以同样的机理帮助心脏病患者。该公司负责研发工作的执行副总裁肖恩·哈珀说，在美国的新药研发过程极其漫长，从研发到上市平均要花 14 年。这项新技术意义重大，因为它能将整个周期缩短 18 个月。㊀

追踪技术创新，并不是说你要成为技术专家，而是你要密切关注技术发展，思考新技术会带来哪些变化，对市场格局会产生哪些影响。需要特别提醒的是，技术创新不是彼此割裂的，而是相互促进的，某个方面的重大突破，往往会引发一系列的突飞猛进，比如 3D 打印技术。2010 年，首台商用 3D 打印机才刚刚上市；2016 年，通用电气公司就已斥资 14 亿美元收购了两家 3D 打印公司，3D 打印汽车也登上了各大车展的舞台，大规模量产似乎指日可待。

为什么那么多世界知名的企业领导者，如亚马逊的杰夫·贝佐斯、特斯拉的埃隆·马斯克、谷歌的拉里·佩奇和埃里克·施密特，都对太空旅行那么着迷？有种观点认为，这是因为太空探索需要用到世界最前沿的技术，尤其是算法，而其中有些目前只有军方才能掌握。对于这些企

---

㊀ Antonio Regalado, "Amgen Finds Anti-Heart Attack Gene," *MIT Technology Review*, May 18, 2006.

业家，钱不是问题。如果探索太空能吸引来世界顶级的科学家，研发出更快更好的算法，那么这对数字时代的领军企业来说，已然非常重要，非常值得投资了。

当然，并非只有新技术才值得你去关注，有些开发已久但被束之高阁的"老技术"，只要应用得当，也能"老树发新芽"，焕发出别样的青春。比如，早在 30 年前，康宁（Corning）公司就开发出了"强化玻璃技术"，能够制造强度极高的退火玻璃，但这项技术几乎无人问津，直到乔布斯的出现。当时他正在为 iPhone 的触摸屏苦苦寻觅材料，哪里才有强度更高、厚度更薄的材料呢？于是双方一拍即合。苦苦等了 30 年，"强化玻璃技术"的"春天"也来了。

# 第 7 章

# 提高思考及判断能力（关键能力 5）

有志者，事竟成。只要你有决心、有毅力，就能学习成长。也许在一念之间，你就能完成关键性的跨越。"真是一下子豁然开朗！"或用现在的话说："这真让人'脑洞'大开！"这样的时刻，想必你不会陌生吧。

怎样才能提高自己的思考判断能力呢？这件事不能靠撞大运，一定要有意为之，就像运动员需要通过系统训练来提高体能一样。如果你能参考以下几个实用方法，并坚持练习，相信你在思考判断、创新想象等各个方面都会有长足的进步。

# 提升视野格局

有些人看世界，是线性的、单一维度的。如果你的视角更多元，视野更开阔，你就能提升自己的格局，就能更好地捕捉机会，更有效地激发自己的想象力。

当年，亚伦·莱维决定和几个高中好友创立 Box 公司时，才 20 岁出头。他们希望通过云技术为大家提供文件共享及协作服务。为了获得初始投资，他们冒昧地给商界传奇马克·库班写邮件毛遂自荐，没想到还真的获得了库班的投资。此后，他们开始辍学创业，先是在伯克利，后来又转战到硅谷，在那里获得了更多的风险投资，创业团队也由最初的 7 人发展到了 25 人。截至 2016 年，公司已实现了 4 亿美元的销售收入，但对莱维来说，这仅仅是个开始。同年 3 月在接受《财富》杂志的专访时，他说："我们认为未来市场潜力巨大，至少应有 400 亿美元的空间。这就是大格局。"

有能力看到大格局，不仅是创业成功人士的共同特征，而且是企业高管必备的能力。企业家想要的，就是这样的人。

要想拓宽视角，除了自己读书思考，还要多与他人交流，尤其是与自己不同的人。在这个方面，好莱坞著名制片人布莱恩·格雷泽⊖是极好的榜样。大学毕业，他加入了华纳兄弟，从底层做起。从那时起，他就开始努力为自己创造机会与他人交流，向高人请教。有志者，事竟成，卢·瓦瑟曼⊜，当时好莱坞最有影响的大佬之一，竟然也成了他的座上宾。在《压榨式提问》（*A Curious Mind*）一书中，格雷泽描述了自己与各行各业的顶尖高手交流的故事，比如运动员、时尚设计师、理论物理学家等。他将之称为"基于好奇的巅峰对话"。这样做有什么用呢？格雷泽充满创意及多元视角的作品，就是最好的阐释。

## 时刻坚持学习

学过管理的人，应该知道"彼得原理"⊜，即当员工被

---

⊖ 好莱坞著名金牌制片人，他的作品包括多部世界闻名的电影，如《阿波罗13号》《美丽心灵》《达·芬奇密码》等，以及多部全球流行的美剧，如《24小时》（*24: Day Six-Debrief*）等。——译者注

⊜ MCA音乐公司的掌门人。作为当时最大的经纪公司，MCA在电影和电视界都拥有堪比20世纪30年代的米高梅那样的绝对话语权，不仅拥有诸多一线明星，而且还有像希区柯克那样的大牌导演。——译者注

⊜ 管理学家劳伦斯·彼得在对组织人员晋升等相关现象进行大量研究后，于1968年，在自己与雷蒙德·赫尔合著的《彼得原理》（该书中文版已由机械工业出版社出版）一书中阐述了该定律。——译者注

提拔至某个无法胜任的岗位时，其晋升之路就会戛然而止。为什么会这样呢？究其根本，在于这个人停止了学习。所以在很大程度上，一个人的发展取决于这个人的学习能力。

学习的前提是虚心，要认识到山外有山，人外有人，很多人身上都有值得你学习的地方。据我观察，发展得特别快的高潜有个共同点，就是他们总在向身边的人学习。不信你可以问问那些从基层逐步做到高层的领导者，请他们回顾一下自己的成长历程，看看他们曾向谁学习，曾以谁为榜样，他们的贵人都是谁。

伊万·赛登伯格曾担任美国最大的移动通信运营商威瑞森电信的CEO。他的贵人就是他的第一任主管。当时他没钱上大学，只好白天在公司干点儿开货梯、拖拖地的杂活，晚上到学校旁听。就这样坚持了8个月，他的主管告诉他，公司有政策，可以资助员工上大学。他问主管，为什么过了这么久才告诉自己。这位主管回答说："我得看看你够不够格。我想你通过了考验。"这是赛登伯格人生的转折点，而且通过这件事，他还学到了一个道理，即自己的一言一行，都有人会看在眼里，记在心上。这个道理他一直铭记于心，一辈子都非常谨言慎行。

试想一下，假如今天你被委以重任，负责某大型机场的建设工作，但你对此完全没有经验，你该怎么办？你打算如何学习？用多长时间学习？

这不是痴人说梦，而是真实经历。基兰·库玛·格兰迪是印度 GMR 集团⊖高管。在他 30 多岁时，就迎来了这个挑战。尽管当时 GMR 集团在电厂、高速公路等基础建设方面已颇有建树，但在机场建设方面完全没有经验，所以公司里没人能真正帮助他。格兰迪告诉我："当时真的是一头雾水。"

那时印度经济刚刚开放，基础建设工作亟待振兴。机场无疑是继电厂、高速公路之后的下一个风口。当时，政府已启动了海得拉巴国际机场⊖的招标工作，设计规模为年运送旅客 2100 万人次。这是 GMR 集团的绝佳机会。如果把这个极具标杆性、示范性的国际机场项目拿下，GMR 集团就在印度机场建设领域占据了制高点。

战略目标无比正确，落实推进无比艰难。

眼看招标在即，但 GMR 集团连投标的资格都没有。

---

⊖ 印度最大的基础设施建设公司，总部位于印度班加罗尔。——译者注

⊖ 印度安得拉邦首府海得拉巴的国际机场，后为了纪念遇刺身亡的该国前总理拉吉夫·甘地而改名——拉吉夫·甘地国际机场。——译者注

于是，他们邀请马来西亚机场控股公司加盟。这是一家上市公司，经营维护着遍及马来西亚的39家机场。为了赢得对方支持，GMR集团决定双方成立合资公司，马来西亚方面占10%的股权。

既然找到了行家里手，格兰迪就开始了孜孜不倦的快速学习。他花了很多时间跟对方公司的各路专家建立关系，请教学习，相互探讨。后来GMR集团投标成功，一举拿下了海得拉巴国际机场建设项目。但对格兰迪来说，这只是万里长征的第一步。真要开工建设，自己要学的还有很多很多。"我必须抓紧时间，抓住一切机会，向所有人学习。无论我是见设计师、工程师、咨询顾问，还是施工单位，我都会问很多问题。招聘时，我会亲自面试，因为借此可以向很多来自新加坡、迪拜及中国香港的顶级业界专家交流探讨。过程中，我还会思考总结他们的决策原则是什么，哪些在印度也适用，哪些其实并不适合。"

此外，格兰迪还参加了多个重要的行业会议，阅读了大量相关报道及研究报告，还亲自考察了全球35个机场。他说："我去机场可不是闲逛，我会与机场运营人员及高管进行深入交流，向他们学习。"为了营造整个团队的学习氛围，他甚至还把每周例会进行了改版，专门辟出时间，供大家学习探讨世界上其他机场建设公司的经营之道，比如如何与零售商、供应商、航空公司及货运公司打交道。

抓紧一切机会学习，对格兰迪来说是再正常不过的事了，因为他的父亲，同时也是 GMR 集团的创始人，一辈子都是这么做的。"无论见到谁，父亲都会问他们是做什么的。与他人交流、向别人请教，就是父亲的学习之道。不论是政府官员，还是企业高管，或者是基层员工，都是他学习的对象。"

学习和工作是相辅相成的。经过不懈努力，GMR 集团在海得拉巴国际机场建设项目上取得了圆满成功。以此为契机，GMR 集团又顺利拿下了新德里、伊斯坦布尔以及马尔代夫国际机场的建设项目。时至今日，GMR 集团在机场建设行业已经成为全球排名第四的私营企业。格兰迪总结说："在进军全新领域时，我们会显示出超强的学习能力，这才是公司真正独特的竞争优势。"

学习还要多角度，不仅要学习业务，也要学习管理，更好地了解自己，更好地洞察他人。最后，学习不是简单的知识积累，还要思考现象背后的本质，逐步形成自己独特的洞见。

## 拓展多元人脉

高潜会不断拓展自己的人脉。建立人脉，多元化是关键。公司内外、不同行业、不同职级，越是多元，越有帮助。拓展人脉网络，就是要与很多人建立人际关系，你要找到适合自己的方法。高潜对此会非常主动，即便是面对业界大佬，也不会畏首畏尾。

比如前面提到的格兰迪，他在进入全新领域时，能迅速建立相关的专家网络，帮助自己快速学习在机场建设领域的知识及技能。后来，当公司最需要资金支持但印度本土银行又不愿出手相助时，他又一次展现了自己的才华。其实，各家印度银行已给了公司很多信贷支持，但由于印度政府对煤炭及天然气供应的限制，导致公司旗下很多电厂无法正常运转，有些地方的产能利用率不足 1/3，自然在还本付息上就遇到了困难。本土受挫，并没有让格兰迪气馁，他把目光投向了印度之外的金融机构，开始与全球顶级主权基金的主要负责人进行接触。功夫不负有心人，他后来从科威特投资局获得了融资。

再比如，本章开头提到的 Box 公司创始人莱维。他告诉我，在他的创业过程中，自己早年建立的人脉关系，在好几次重大抉择时起到了关键作用。比如，创业之初，他面临的一大艰难选择就是确定目标市场，到底是服务消费者客户（2C），还是服务像宝洁、通用电气这样的企业客户（2B）？为了正确决策，他与数十位朋友进行了交流探讨，其中包括多位科技界资深人士。通过讨论，他深入分析了这两种选择各自意味着的机会与挑战，并最终说服了其他创始人，聚焦企业客户。"我们认为企业客户的市场空间更大，我们的服务更具颠覆性，大有可为。"

还有一次是几年后，当时有家公司表示愿意出大价钱收购 Box 公司。这无疑是决定命运的时刻，莱维深知自己责任重大。"当时的出价，真的非常非常诱人。我们深信，未来两三年也不会再有人出这么高的价钱了，而且说实话，公司要真想做到这个估值，虽然市场空间是有的，但在执行方面必须无懈可击。由此看来，把公司卖了套现，对早期员工、投资人，当然，对创始人团队来说，都是合情合理的明智选择。那么，究竟该怎么办呢？这个抉择迫使我们诚实地审视自己，回望当年创业的初心。"

"这的确是个艰难的选择，完全没有数据支持。如果卖了，套现之后的美好生活清晰可见；如果不卖，保持独立，继续经营，今后会怎样，我们完全不知道，真的完全不知道。"

"我们一直是有强烈使命感的人。从一开始,我们就希望颠覆软件行业的工作方式,希望创建基业长青的伟大企业。如果不再独立,而是从属于某控股公司,我们是否还能实现这个愿景?我们的企业文化,会不会就此改变?我们的执行优势,会不会就此受到影响?"

关键时刻,莱维的人脉又发挥了作用。他找到了自己认识的几位企业家朋友,通过他们又认识了更多的企业家、创业家。他们曾经面临过类似的抉择,各自做出了不同的决定。莱维说:"听他们讲各自不同的故事,是件非常有意思的事。在那些当年决定卖公司的人中,有一半非常后悔,认为这是他们此生最糟糕的决策;还有一半表示非常幸运,认为卖得正是时候,是他们此生最正确的决策。回想起来,自己真是非常幸运,在决定命运的关键时刻,能找到这么多朋友,听听他们的心路历程,分享当时的思考和判断。"

在听别人的经历时,莱维一直在想谁的情况跟自己最像,最有借鉴意义。最终,他决定不卖公司,保持独立。他解释说:"在软件及相关技术领域,一旦取得突破,其创造的市场潜力往往会远远超出此前的预期。传统思路会使人片面追求成功率,因此不敢冒险,不敢挑战,反而错失了很多良机。对企业来说,风险最大的决策,也许恰恰能带来最大的回报[一]。"

你要记住，人脉网络在当今时代会显得越发重要。无论是生态圈还是共享经济，都意味着企业之间、部门之间、团队之间乃至个人之间，将有更为频繁、紧密的协作。项目启动，需要组建项目组；项目做完，项目组解散，各自又开始了新的征程。如果你的才智得到广泛认可，你就会有更多的机会与其他部门、其他业务以及其他公司的伙伴，协同工作。事实上，这就是高潜的成长之道，大家越是欣赏他，就越愿意跟他共事，于是他就有越多的工作机会，不断地历练提升自己。项目做完，项目组可以散，但情谊不能散，你还要跟大家保持联系，加深彼此间的信任。信任是人脉的基础。

拓展人脉不光是指企业外部，也包括内部。你可以大胆地与其他部门的同事建立联系，了解他们在做什么，他们对业务怎么看。还记得第 5 章高潜案例的主人公洛夫·戈尔吧？他之所以能在芬格哈特公司取得如此巨大的成就，与他在公司内部的广泛人脉密不可分。

---

[一] 后来，Box 公司于 2015 年在美国纽约证券交易所上市，为管理层及投资人创造了更好的回报。——译者注

# 随时汲取新知

新的信息能激发学习动力,多元化的信息能激发创意灵感。自己阅读、与人交流、参加培训,都是各种新知的极好来源。你要做的就是在日常生活中,每天、每周或每月为其留下固定的时间。

**阅读**。阅读是我每天的必修课。不仅我如此,我认识的很多企业领导及公司董事,也都是如此。了解全球政治风向、经济走势及科技变化,对把握趋势、制定决策,甚至是合理分配时间都极为重要。养成习惯,每天坚持花半小时了解时事,对于你将是时间回报率极大的投资。阅读不一定是读书,即便是读书,也不要纠结于读书的数量。阅读最重要的目的是寻求新知,看看有哪些新的观点、新的洞察、新的信息。

每天的阅读时间最好能够固定,一早一晚都是不错的选择。不管你选在什么时候,至少得保证有半小时。用这段时间,让自己与时俱进,尤其要关注新闻热点以及与你职业发展相关的大事小情。你要格外留意业界领先企业的动态以及相关领域的技术创新。对自己感兴趣的内容,即便是那些目前貌似与你无关的议题,也可以深入探究,拓宽视野总是好的。中国人讲厚积薄发,这些日常的点滴积累，将来一定会助你一臂之力。

你不妨读读《金融时报》《华尔街日报》及《经济学人》杂志，读的时候要重点关注，有没有你意料之外的新动向，有没有不同以往的新模式，有没有令世界震惊的"黑天鹅"事件。

信息定制是个不错的选择，诸如谷歌及很多报纸杂志都提供类似的服务，这样你就可以随时掌握自己关注的企业、对手、行业及市场的最新动态了。汲取新知不仅有助于你自己的职业发展，还能使你有更多的信息洞见与他人分享，这样大家有事就会来找你商量。时间一长，你在朋友圈里的好口碑就树立起来了。

在每天固定的半小时阅读时间里，你很可能来不及深入了解所有你感兴趣的议题。这没关系，夹个书签、做个记号或打印出来，以便充分利用之后的碎片时间再深入阅读，比如等人开会、路上堵车以及飞机晚点等。

我的方法是每天读《金融时报》上的 Lex 专栏。作为其 30 多年的忠实读者，我认为该专栏不仅事实翔实，见解犀利，而且还精练有力，非常值得一读。有时一连好几天甚至好几周，都没有什么特别的内容，这也无妨。只要发现新动向，我就会想：这究竟意味着什么，对相关各方会产生什么影响？竞争对手会受到什么影响？哪些行业会受到什么样的冲击？这个新动向是否具有颠覆性？此外，《经济学人》杂志每隔几周也会刊登一些深度分析报道，世界范围内的热点议题都会有所涉及。

**交流**。一定要花时间与人交流，尤其是那些能让你的思想之门大开的人。交流形式多种多样，可随意，比如跟研发部门的同事约个午餐；也可正式，比如跟自己的老板谈谈心。与好朋友及亲近的同事交流，无疑是最舒服的，但对你价值最大的交流，往往是跟那些自己不熟，甚至是未曾谋面的人。

与很多人进行简短有针对性的沟通交流，能够极大地拓宽你的知识面。此外，每周或每两周跟你平常接触的圈子之外的人进行交流，也能给你带来新的视角，让你充满活力。比如，想想自己可能的未来发展，哪几个人能给你带来有意思的信息、洞见或人脉？从这个名单入手，未来1～2个月的沟通交流就有了方向。即便其中有几位你还不认识也没关系，想想如何才能结识他们，谁能帮你做个介绍。下一步就是写邮件或打电话（在中国还有发微信），跟对方约个具体的见面时间。

在与对方交流之前，想想你如何能有所贡献。哪些信息、想法或人脉，有可能会引起对方的兴趣？如果交流对双方都有益处，下次你再给对方打电话，人家就会更愿意接了。另外，还要把自己最想请教对方的几个问题写下来。提前准备，不仅能帮你在沟通时更好地聚焦，还能帮你在沟通后更好地总结。

如果希望长期跟进某个领域，你需要更为持续的交流机制，比如加入某些行业协会、俱乐部或线上论坛。精力有限，你不能什么都参加，一定要有所取舍。哪个最相关、最重要？建议你从一个开始，如果这个不合适，再尝试另一个。

通用电气公司前任掌门人杰克·韦尔奇有个习惯，即见人都问："What's new?（最近有什么新鲜事？）"很多年前，我在电梯里碰到他，他就问了我这个问题。当时我刚去过一家制造企业，它正在大幅降低业务经营对流动资金的依赖，因此我回答道："流动资金为零。"这令韦尔奇非常感兴趣，于是我们就着这个议题继续深入探讨下去。之后，韦尔奇还亲自拜访了这家企业，向对方认真学习。在与别人交流时，我也会问类似的问题，由此开始的探讨经常令我受益良多。

**学习**。这样的学习机会很多，比如行业会议、商学院的培训课程或者网上的公开课。有些世界顶级商学院及大学的公开课还能下载，这样在出差路上也能学习。通过网络视频，你能看到很多企业家、教授及行业专家的风采。听TED[一]演讲也是非常快捷、高效、好玩的学习方式，每个演讲5～20分钟，每位演讲者都是相关领域的专家。"TED"是三个英文词的首字母缩写，即技术（technology）、娱乐（entertainment）以及设计（design）。这是三个正在蓬勃发展，对社会文化产生深刻影响的重要领域。2006年上线之初，TED视频全年只有200万人次的点击量；到2012年，已有2亿人次观看了线上的TED视频。TED的火爆影响深远，很多会议及培训随之改变了原先的组织形式。参加这样的学习活动，不仅能让你拓宽视野，还能帮你拓展人脉。比如，前面提到的印度GMR集团的格兰迪。当公司需要他拓展印度之外的资源及市场时，他就是从参加TED大会开始的。他说："这个活动很好，让我大开眼界，还帮我建立了相关的全球人脉。"

---

[一] TED是美国的一家私有非营利机构，该机构以它组织的TED大会著称，这个会议的宗旨是"值得传播的创意"。TED诞生于1984年，其发起人是理查德·索·乌曼。2001年起，克里斯·安德森接管TED，创立了种子基金会，并运营TED大会。2006年起，TED演讲的视频被上传到网上。——译者注

## 保持动态思维

汲取新知只是开始,你还要关注自己的思维习惯。好的思维习惯,能让你更好地保持开放,拥抱变化,激发创意。具体该怎么做呢?以下几个实用方法可供你参考。除了自己练习,你还可以留心观察,看看身边的高手是怎么做的。

**转换视角,换位思考**。换个全新的角度看问题,往往能让人豁然开朗。就像中国人常说的:山重水复疑无路,柳暗花明又一村。这种思维方式能让你更好地了解客户、对手,更好地面对自己,帮助自己放下顾虑,打开心结。如果公司高管能用这种方式思考,及时意识到潜在对手可能带来的颠覆性影响,对企业来说,这有可能是决定生死存亡的关键所在。

前文谈到美国最大移动通信运营商威瑞森电信的前任掌门人,伊万·赛登伯格。该公司的发展经历极为传奇,用今天的话说,就是"逆袭成功",从全美排名垫底一路狂奔至排名第一。在赛登伯格担任该公司 CEO 的十年里,他带领公司战胜了诸多挑战与困难,比如复杂多变的监管规定、快速迭代的技术发展,以及来自其他电信运营商及有线电视公司的白热化竞争。早在其职业生涯初期,他就被视为高潜。领导看好他的原因之一,是他在面对别人都觉得复杂无解的政府监管问题上能转换视角，换位思考，另辟蹊径。

赛登伯格的职业生涯始于美国纽约电话公司，即威瑞森电信的前身。在那里，他是负责线路维修的工程师。后来公司请贝尔实验室来帮助提高电话系统的稳定性，他也参加了项目组。后来赛登伯格完成了本科学业，并成功申请转岗，开始担任公司与政府监管机构的协调员。

政府监管机构与运营商天生形同水火。FCC希望保护消费者权益，促进行业竞争，因此总想减少行业限制标准；电信运营商则希望行业限制标准越严越好。赛登伯格的职责就是尽可能地影响监管机构，制定有利于公司的规定及要求。

但他的方法与众不同。"很多运营商高管来到华盛顿，就直奔主题，找监管机构争取利益，但我没有这么做。我会换位思考，从监管机构的角度出发，帮助他们更全面地了解行业状况，更高效地引导行业健康发展，更容易地完成自己的本职工作。这需要我有更大的格局，实现企业与政府的双赢。"

要想改变，并非易事。即便是赛登伯格，也无法保证每一次都能赢得公司高层的支持。有一段经历，令他至今记忆犹新。那时，美国政府决定分拆美国电报电话公司（AT&T）㊀，将本地电话业务从 AT&T 中剥离出来，由七家地区性的电信公司继续经营，AT&T 则专营长途电话业务。当时在长途电话业务方面，除了 AT&T，美国市场上还有 MCI 及 Sprint㊁两家运营商。在分拆前，凡是涉及本地电话与长途电话如何分账的问题，基本都由 AT&T 一家说了算，因为 AT&T 几乎垄断了美国本地电话业务。多年的惯例都是 AT&T 先收钱，然后再自行决定怎么分。但是 AT&T 分拆后，分账问题就变得复杂了，从 AT&T 一统天下变成了七家本地电话及三家长途电话运营商之间的相互博弈。那么，该怎么办呢？为此，公司专门组建了一个委员会，而赛登伯格就是该委员会的负责人。

那时，赛登伯格已是公司副总裁。当他代表委员会向 CEO 及其他高管汇报建议方案时，很多人都大跌眼镜。原来，公司高层已就此问题形成了基本共识，即方案 A。但赛登伯格反其道而行之，认为方案 A 行不通，强烈建议公

---

㊀ 成立于 1877 年，曾长期垄断美国长途和本地电话市场。1984 年，美国司法部依据《反垄断法》拆分了该公司，分拆出一个继承了母公司名称的新 AT&T 公司（专营长途电话业务）和七个本地电话公司，即"贝尔七兄弟"，从此美国电信业进入了竞争时代。——译者注

㊁ MCI 于 1997 年被美国世通公司收购，新公司名为 MCI 世通。1999 年，MCI 世通与 Sprint 合并。——译者注

司采取方案 B。他的理由是:"我们要换位思考,站在政府的角度,想想方案 A 究竟意味着什么?这意味着政府监管机构默许了运营商完全出于自身利益的定价机制,纵容了运营商高昂的成本结构,而这与其维护消费者利益的初衷,是背道而驰的。鉴于我对 FCC 的了解,他们多半不会接受方案 A。如果方案被否,又没有其他备选方案,我们就会陷入被动,也许最后一无所获。与其强行推动,不如适当妥协,因此我建议大家考虑相对折中的方案 B。"赛登伯格说完,一片哗然,甚至有些人认为他的职业生涯恐怕得就此终结了。好在 CEO 没有将方案 B 一棍子打死,反而建议委员会再深入研究。最终方案 B 赢得了内部支持,并获得了 FCC 的批准。

赛登伯格的确是这方面的高手,他特别善于换位思考,化解矛盾。

千里马再好,也需要伯乐,赛登伯格的成长也是一样。弗莱德·萨莱诺,即后来威瑞森电信的副董事长,就是伯乐之一。早在认识赛登伯格之前,他就听很多政府的朋友提起过这名年轻人。比如,纽约州国会议员代表就对他说:"你们那里有位叫赛登伯格的吧?这个小伙子还真不错。"巴德·斯特利,时任纽约电话公司⊖总裁,也曾对

---

⊖ 纽约电话公司的总部位于美国纽约的白原市。——译者注

赛登伯格说，如果有其他公司来挖他，在决定前，一定要先找自己谈一谈。当时我是斯特利的咨询顾问，有次在公司总部开会，碰巧遇到赛登伯格。那时赛登伯格的级别还不高，但他的汇报给我留下了深刻的印象，特别是他高超的化解矛盾的能力。在面对尖锐冲突时，他能准确把握对方的诉求，还能提出创造性的解决方案。会后，我对斯特利说："这位年轻人很有潜质，值得你重点关注。"

在面对冲突时，转换视角能帮你突破局限，找到新的解决方案。在思考问题时，一定要充分考虑每种可能性，不要未经思考就轻率地下结论说某个方案肯定没戏。比如，某金融服务公司正在考虑通过全新的数字化技术来更好地了解员工的敬业度、满意度及反馈意见。当时首席人才官向公司决策层提出了两个方案：一是购买现成的软件系统，快速上线；二是自行开发。量身定制，肯定最适合公司的实际情况，但耗时会比较长，预计得两年。这时，有位高管建议道："是不是还有第三种方案，即自行开发，但六个月完成？"大家都认为方案三最为理想，但要想实现，并不容易。公司高层要达成共识，将此事列为年度重点工作，还要投入足够的资源支持。单凭首席技术官（CTO）的一己之力，是无法完成的。从企业高管的角度来看，这件事只要大家齐心，共同推动，就能做成。事实证明，的确如此。由于高层的重视支持，以及相应的资金、人员保障，自行开发的解决方案很快就上线了。

提问是帮助他人转换视角的好办法。有家公司遇到了这样的困境，即虽然相比对手，自己的产品不仅技术领先，而且价格更低，市场份额却节节下滑。该公司的销售负责人对此非常郁闷，百思不得其解，为什么自己的产品那么好，给客户的折扣那么多，最终仍然无法赢得订单呢？自己过去的销售法宝似乎完全失效了，于是他向自己的朋友同时也是自己的高管教练请教。这位朋友提了两个简单的问题，即"除了降价，你还为客户做了什么"以及"你对你们公司的供应商满意吗"，这两个问题让他恍然大悟。

他突然意识到，自己对公司的供应商非常不满意，因为他们除了谈价格，对公司的实际需求完全不了解。公司各部门都对他们很有意见。但遗憾的是，自己在作为供应商服务客户时，犯了同样的错误。于是，他立即着手以全新的视角改造过去的销售模式，他不再只关心价格，而是从帮助客户成功的角度出发，来解决客户的业务问题，并最终赢得了客户的信任与支持。

**既要高度，也要深度**。我在讲课时，通常会以提问的方式激发大家的思考。观察大家，看到各种不同的思维方式，是件非常有意思的事。比如，有的人会陷入细节，在某个具体问题上与他人争论不休，结果是"只见树木，不见森林"。无论我怎么引导，都无法让他们看到更大的格局。有的人则恰恰相反，只能高谈阔论，却无法深入分析。

作为高潜，你也许很有创意，经常能迸发出很多奇思妙想。比如，埃隆·马斯克能想到太空旅行的巨大商机，这远比电动汽车更加诱人。但从"想到"到"做到"，光有高度还不够，还得有深度，要能沉下心做好具体工作。马斯克就是这么做的。太空旅行要想成为现实，就必须降低成本。为此，他深入研究并分解了与宇宙飞船相关的所有机械及成本要素，最终找到了解决方案。

在中国，我也见到过这样的高潜。这是一家快速成长的养殖企业，希望充分利用行业升级转型的红利期，通过高速扩张来占据更大的市场份额，提升自己的市场地位及行业影响力。在一次高管研讨会上，董事长谈到了采购工作对于公司整体战略的重要性。公司养殖规模的快速增长，对采购工作提出了更高的要求，现有的国内采购模式将无法支撑公司未来的业务需求，必须把目光投向国外，进行全球采购，包括远至非洲。

这对于该公司的采购负责人，也就是这位高潜，无疑是个巨大的挑战。这名年轻人不仅英文一般，而且从来没有做过全球采购，甚至都没有出过国。但他不仅迅速理解了董事长的战略意图，而且还立刻开始思考，如何从现在起着手准备。比如，哪些领域需要学习了解？诸如全球政经的宏观环境，尤其是全球采购会面临的政治风险、经济风险、军事风险、货币风险等。哪些人才需要引进？诸如负责海外采购的经理或全球局势方面的专家顾问等。总之，他没有被巨大的挑战吓到，而是迎难而上。

有挑战，才能有成长；是高潜，就得上。

**既要定量，也要定性**。假设某个定量信息是客观事实，你会发现，面对同样的定量信息，不同的人可能会得出完全不同的结论。这种差异就源于定性思考，即分析思考、判断预测的能力。这个道理很好理解。

如今，人工智能已能部分取代人力，而且未来还将会有更大的施展空间，但无论人工智能如何发展，人的判断能力依然必不可少。即便业绩考核之类的工作已经可由数字技术自动生成，但是对人才的识别及其潜能的把握，还是需要人来分析判断的。

作为高潜，你既要有定量的分析能力，更要有定性的思考判断能力。在思考的过程中,你要留意自己做了哪些假设,自己的风险容忍度如何。算法等数字技术的加持的确能使业务发展如虎添翼,但你的思考判断能力也会有重大影响,而且,你的判断逻辑、假设条件以及因素选择很可能成为算法设计的重要来源。

# 个人篇

The High Potential Leader

# 第 8 章

# 适时完成关键性跨越

身处双创[○]时代,即便不想创业,也可以从创业的角度来规划自己的职业生涯,这种思维方式会让你受益终身。身为成绩出众的高潜,你一定会有机会在本部门承担更多的职责,并逐步走上更高的领导岗位。这样的发展当然很好,但从自身发展的角度来看,你应该寻找机会,跳出自己的舒适区,更好地拓宽全面视野,更好地把握业务全局,让自己得到更大的历练并成长。

挑战越大,成长越快。面对复杂性更高、模糊性更强

---

[○] 2014年9月,李克强总理在夏季达沃斯论坛上发出"大众创业、万众创新"的号召,从此"双创"一词开始走红。——译者注

的全新挑战，你能从中快速拓展知识面，全面提升管理技能，尤其是思考判断能力。既要积极进取，又不能操之过急。如何把握时机？如何提高成功率？如何赢得更多的帮助和支持？如何能够借此机遇，实现快速成长，完成关键的跨越？你需要高人指点，比如请教领导及同僚，听取人力资源部门的意见，这些都会给你很好的启发，但最终拿主意的，还是你自己。

为自己争取成长机会，并不是要你苟且钻营，不择手段地向上爬。有的人貌似晋升得很快，但在每个岗位上都是蜻蜓点水，没有做出真正的成绩。你要关注自己的成长，在新的工作岗位上学到了什么技能，做出了什么业绩，而不是拉关系、"抱大腿"、耍政治手腕。现在沟通成本越来越低，信息透明度越来越高，群众的眼睛是雪亮的，你的名声会跟你一辈子。

## 跨越为何有益

说到这里，你会不会心存疑虑，在本部门熟悉的环境里逐步成长不是很好吗？为什么要自找苦吃呢？如果你有志成为整个组织的最高领导，你就要学会如何通盘考虑业务全局，如何整合协调各部门、各职能、各业务，如何解决冲突，如何权衡取舍。很多成功的企业家回望自己的成长经历，都会认为当初在年轻时就完成了这一关键性跨越对自己日后的职业生涯发展是多么的关键。

有些人很幸运，因为本公司就有这样的高潜培养机制，有专人负责成体系地建设领导梯队，但更多的人是靠自我奋斗，有意识地跳出舒适区，为自己寻找、创造这样的锻炼机会。本书第 4 章提到的托尼·帕尔马就是这样做的："每次面对选择，我都会选那个对自己挑战大、对企业贡献大的工作机会。"

下面我们来看一位高管的成长经历。假设回到 40 年前，一位受过良好教育的都市青年在夜半醒来，发现自己身处印度某个穷乡僻壤，寄宿在当地农民家里，除了一张床、一顶蚊帐、一个手电、一点儿急救用品之外，几乎什么也没有。想与外界联系，更是难上加难，通信、交通几乎无从谈起。他怎么会突然落入了这个境地？就是因为这个年轻人有梦想，想有朝一日成为这家全球消费品公司的高层领导，这是公司对他的考验，让他独立负责一个专题项目，旨在提高印度农村人民的生活水平。于是他来到农村体验，预计要待上两三个月，其间领导会来看望他一两回。

这可不是开玩笑，这是真实经历，主人公就是当年联合利华印度公司的管培生文迪·邦加。第二天起床,他惊诧地发现,在这里,大家都在公共场合上厕所。既来之,则安之,他也得入乡随俗。适应当地的农村生活只是挑战的一部分,更重要的是完成工作任务。信息收集是第一步,于是他"开始长时间地跟村民聊天,聊聊家庭生活以及工作情况,聊聊人生理想以及现实苦恼。总之,我要赢得他们的信任,要完成我的工作"。

村里污水横流的景象让他很揪心,因为这样特别容易滋生细菌和蚊虫。他是学工程的,知道简单的排污方式就能解决大问题,但村民们对他的想法似乎很不在意。他们总说,"从来都是这样啊,应该不是什么大事吧"。

最终,他说服了村里的领头人。他们带着另一个村民,在村里的水井附近挖了三个深 3 米、直径 15 厘米的圆形排污坑,并用砖头和碎石砌起坑壁,免得被泥沙填埋。

结果非常成功。一夜之间,水井附近的卫生状况就发生了变化,于是邦加名声大噪。在之后的村民大会上,邦加的打井建议得到了大家的拥护,并很快在邦加的亲自指导下开展起来。

几周后,邦加的领导来看他,对他取得的进展非常满意。于是，邦加得到了提拔，从此开启了他一路快速成长的职业发展生涯。他后来成为联合利华印度公司的董事长兼 CEO，现已退休。回忆起这段经历，他说："这是我人生重要的一课。我学会了如何倾听他人，如何理解对方需求，如何给予帮助和支持。与此同时，我也增长了自信，尤其是如何应对新的环境、新的挑战。"㊀

每位高潜都需要不断经历这样的历练，完成这样的跨越，其中一个关键性跨越就是从职能负责人到业务一把手的转变，比如从销售经理到产品线经理，对该产品线的盈亏结果负责。业务一把手的工作内容更全面，业绩结果更明显，业绩压力更大，技能要求更高。业务一把手要跳出专注单一职能条线的竖井思维，以全局视角想问题、做工作。原来是销售经理，你只看销售指标是否达成；现在作为业务一把手，你需要综合考虑生产、营销、产品开发等多个职能，要全面制定整体业务的业绩指标，销售指标只是其中的一部分，要考虑的因素及维度也远超以往，比如局部最优不等于整体最优，多个维度间必须做出权衡取舍；再比如，除了业务，还有人，如何管好团队、带好队伍，也是重要的议题。要想成为组织的高层领导，业务一

---

㊀ 详见比尔·康纳狄与拉姆·查兰合著的《人才管理大师》（本书中文版已由机械工业出版社出版）一书。

把手的关键跨越是不可或缺的必修课。

每一次工作职责的拓展，都是一次成长的机会，但不同机会带来的成长幅度，可能差别很大。比如，对销售经理而言，从负责一个区域到三个区域，无疑是一个晋升，但这样的成长幅度是有限的，因为两个岗位在工作内容及技能要求上，实在差别不大。

如果换到另一个国家，即便还是做销售经理，也是一次跨越，因为你需要了解当地的政治、经济、文化环境，研究当地的市场竞争格局，搭建全新的人脉网络及渠道关系。普莱克斯公司㊀高管迈克·迪多明尼科就在其职业生涯中经历了多次这样的跨越。起初，他在美国负责工业销售，因为业绩出众被选入公司重点培养的高潜之列。为了进一步培养考验他，公司派他去加拿大负责渠道建设。他在加拿大工作了三年，证明自己有能力在一个全新的国家胜任一个全新的职能。此后，他被派往欧洲，负责渠道工作，那里的情况更复杂，挑战更大。

对于大型跨国企业，调任不同国家及地区是高潜培养

---

㊀ 全球领先的工业气体专业公司，同时也是北美洲和南美洲最大的工业气体供应商，向来自各行业的用户提供大气气体、工艺气体、特种气体、高性能表面涂料和相关的服务与技术。公司始建于 1907 年，从 1992 年开始使用 Praxair 这个公司名。——译者注

的必经考验。比如在宝洁公司，时任 CEO 雷富礼和人力资源副总裁迪克·安托万就制定了一项策略，即总部所有高管都必须有管理全球业务的实践经验。比如，戴芯涵就是宝洁公司的高管后备，负责洗涤用品业务的全球营销。为了培养她，公司让她全面负责江河日下的婴儿用品全球业务。对她而言，这就是一次关键的跨越，从职能负责人到业务一把手。面对挑战，她取得了成功，婴儿用品全球业务重获生机。五年后，雷富礼和安托万认为时机成熟，可以让她去某个国家独当一面。她起初并不愿意，因为她热爱婴儿用品业务，而且全家人在辛辛那提⊖也过得很好，举家搬迁到一个陌生的国度似乎不是上策。但当新加坡的机会出现时，她认识到这对自己意义重大，于是欣然接受了这个调动。

在美国，戴芯涵只负责一个产品类别；来到新加坡，她负责宝洁在亚太 15 个国家或地区的所有产品类别。她必须了解每个国家独特的风土人情、政治形态、市场格局，根据当地的实际情况，制定竞争策略，并在亚太区全局范围内的所有产品类别之间调配资源。她不仅要负责日常经营，还要应对突发事件，比如地震、海啸，甚至是恐

---

⊖ 美国中部俄亥俄州西南端工商业城市，宝洁公司全球总部就在那里。——译者注

怖袭击。来新加坡五年后，她开玩笑说，别人常常夸奖她能够处乱不惊，从容应对。在她看来，其实也没什么，无非见得多了，自然就淡定了。在这里，她还学会了接受变化，尤其是快速的变化。越南就是这样的例子。她说："五年前我刚去那里的时候，道路非常拥挤，满街都是自行车和摩托车，连卡车都难得一见。现在不同了，在胡志明市，街上跑的都是轿车和卡车……也许过去我就该更加接受变化。反正到了这儿，除了拥抱变化，也的确别无选择。"㊀

在不同职能条线之间调动，也是一次跨越。很多高潜在其职业生涯早期就经历过这样的重要成长，改变了过去单一维度的思维方式，对业务全局及组织整体有了更为深刻的理解。如果你对自己的专业知识深以为傲，突然被调到某个知之甚少的职能或业务部门，也许会让你焦虑不安，甚至心生惶恐。比如，一个外行被调到医疗业务或技术部门担任领导，面对一众全球顶级的行业或技术专家，心里肯定会有点儿发怵。这就是通用电气公司前CEO杰夫·伊梅尔特面临的挑战。在通用电气公司，高层领导在不同业务板块间轮岗是公司惯例。伊梅尔特在执掌通用电气公司之前，就被调任负责医疗系统业务。吉姆·麦克纳

---

㊀ Ibid, pp. 140-41, and personal interviews.

尼在担任3M公司及波音公司CEO之前，曾在通用电气公司工作过19年，其间负责过通用电气公司的资本、家电及飞机发动机业务。面对全新业务领域，只有快速学习知识、迅速把握本质，才能胜任这样的跨越挑战。

作为年轻高潜，要领导那些资历比你老得多，经验比你丰富得多的专家团队，也是一次跨越。比如在本书第3章提到的帕特·加拉格尔，一家总部位于美国芝加哥的保险经纪公司的董事长兼CEO，是家族的第三代传人。当时他刚大学毕业，其父亲和叔叔负责经营。他一加入公司，就被派去做陌生客户拜访。此前，他曾在公司实习，跟着父辈去见过很多客户，现在自己做，上手很快，很有天赋。他告诉我："做陌生拜访，说服对方让我们帮他们规划保险，对我而言特别自然。自打一开始，我就特别喜欢。"

这个年轻人很快成了公司的顶级销售，后来其父亲和叔叔决定让他执掌销售部门。"当时我只有26岁，而且看上去更年轻，下属都比我年纪大，有的还大很多。20多岁的年轻人不能对40多岁的前辈指手画脚，你要信任他们。你能做的，是好好想想在哪里能帮他们的忙。我对他们说，自己非常尊重他们的经验与专业，会全力支持他们。如果他们在工作中需要帮助，尤其是在拿单的关键时刻，自己一定会全力以赴。结果，我们相处得非常融洽。"

## 内部成长机会

当你感到成长放缓，没什么新东西可学的时候，就该寻找机会，开始下一个跨越了。作为高潜，你一定渴望新的挑战、成长，创造更大的价值。担子更重，效率更高，业绩更突出，口碑更好，这才是你追求的境界。无论在什么岗位，都要先把工作做好，这是前提。没有这个前提，盲目追求更大的挑战，即中国人常说的好高骛远、眼高手低，是非常危险的。

如果你是公司的高潜人才，而且领导愿意重点培养，好的成长机会可能会送上门来，但更多的时候，你需要自己争取。明确自己想要提升的发展重点，找到适合的岗位或职责，通过会议或其他场合向上级、同事及下属证明，自己已经做好了跨越的准备。要积极争取，也要端正态度，谦虚谨慎，切不可狂妄自大，夸夸其谈。你需要赢得别人的认可与支持。

在寻找成长机会时，不要过分看重职级，关键在于成长。即便是平级调动，只要涉及新的业务领域，也会是很好的学习机会。如果你对行业及产品非常在行，公司也许会把你从财务调去市场营销，或者从拉美调到亚洲。

很多短期项目也是很好的成长机会，这些项目往往旨在解决某个公司层面的重大问题，需要各个部门的通力合作。如果有这样的机会，一定要争取参加，这样的经历会极大地拓展你的视野，培养你的大局观。

在选择机会时，不要过于保守，不要为了确保成功而不敢接受挑战。相反，你应该找那些复杂性高、不确定性强的议题。问题难，才能激发你的创意，才能逼迫你换个角度想问题。

即便没有团队支持，你也可以亲自上手，解决公司最为棘手的重大问题。全新的视角，就是你的优势，没准能带来真正的突破。当年韦尔奇把伊梅尔特调到家电业务时，就是这么考虑的。正因为他没有家电业务经验，也就没有历史包袱，所以能用全新的视角客观地发现问题、解决问题。伊梅尔特没有令韦尔奇失望，他解决了问题，成了韦尔奇的接班人。

如何了解公司面临的重大问题呢？读读公司财报，听听领导讲话，或跟大家聊聊，都是很好的方法。在这个信息开放的时代，没什么能阻碍你。要特别注意的是，你的关注点一定要放在解决问题本身，切不可借题发挥，试图越级展示或吹嘘自己。

在寻找成长机会时，要特别留意新岗位的上级领导如何，能否成为自己的良师益友。对于新机会，你的顶头上司可能会给予最大的支持，也可能会成为最大的障碍。有的上司人很好，也很想支持你的发展，但由于太过倚重你的能力，所以特别不想放你走。但是年华易逝，不能让别人限制自己的成长。你要看哪些领导特别善于激发他人、培养他人，特别愿意为下属创造更好的发展机会。如果已经知道他们是谁，那很好；如果还不知道，花点儿时间了解。公司很大，总有这样的好领导。

《哈佛商业评论》2016 年 1～2 月刊上有篇文章《超级领导》，作者西德尼·芬克斯坦谈到了他观察到的一个有趣的现象，即"任选某个行业，研究一下业界高管的成长经历，你会惊讶地发现，其中一半师出同门，曾经为某位'超级领导'工作过"。为什么会这样呢？其中一个原因是超级领导非常善于培养人，往往能使高潜快速成才。朱利安·罗伯逊⊖就是这样的超级领导。文章说："蔡司·科尔曼在加入老虎基金时，级别并不高，只是一个普通的科技行业分析师。短短三年后，罗伯逊就建议他自立门户，并给了他 2500 万美元的初始资金。在人才培养方面，甲骨文公司的创始人拉里·埃里森也是如此。加里·布罗姆曾

---

⊖ 金融投资大师，对冲避险基金界的教父级人物，也是纵横全球金融市场的老虎管理基金的创始人。——译者注

是甲骨文公司的执行副总裁,后来成为 Veritas[⊖]软件公司的 CEO。他回忆说,'甲骨文公司有一点特别好,就是会为大家持续创造成长机会'。"

此外,做公益也可以是好的成长机会。比如在某公益基金担任理事,会帮助提高战略思考能力。马歇尔·戈德史密斯在其著作《全球化领导者:下一代》(*Global Leadership: The Next Generation*)中列举了很多在当下及未来至关重要的领导技能,你可以以此为参考,规划自己的跨越成长及职业生涯。

时刻记住,组织高层都希望发掘人才,组织内部也都有人才培养机制。如果你有真才实学,还能适时让自己为人所知,你就会有更多的成长机会。即便存在政治斗争等不正之风,组织内部总得有人干活,总得有人出业绩吧!

## 构建支持体系

我认识的很多成功领导者都曾深深得益于某位人生导师,即中国人讲的贵人。在职业发展的关键时刻,这位

---

[⊖] 在存储管理软件方面处于领先地位的软件提供商,Veritas 为其他公司提供日常数据保护及容灾恢复,确保数据的安全性的高可用,是纳斯达克上市公司。——译者注

导师给了他巨大的帮助,极大地加速了他的成长。遇到贵人,有时是因为幸运,有时是因为争取。不过在我看来,只要真是人才,就很难被长期埋没。在这方面,你要积极主动,要有的放矢,根据自己的成长需要,找到适合自己的良师益友。

这就是阿伦·格林布拉特的做法。他说自己的导师帮助自己找到了生命的意义,并始终专注于此(详见第 9 章)。G&W Laboratories 是一家总部位于美国新泽西州的医药公司,是格林布拉特的曾祖父于 1919 年创建的。他的父亲罗纳德是家族第三代继承人,也是他的人生导师。"父亲就是我的精神导师。从四五岁到十几岁,他一直引导我思考生命的意义,什么对我真正重要,什么对我只是浪费时间,其核心在于充分激发我的潜能。他曾对我说,如果将来选择以扫地为生也行,但要扫就得扫好,就得做到极致。"

"在我 21 岁那年,加里·纽厄尔走进了我的生活。他曾是美国职业橄榄球运动员,退役后加入了强生公司,后来又创建了一家公益组织。当时,他是安利公司高层,公司人才培养的外聘导师。虽然,那时我还在上学,但我深知自己肩负着继承家业的使命,加里就是我的人生榜样。于是在之后的四五年里,我每周都会开车到北卡罗来纳州或者别的什么地方与他见面，因为我知道，他的教导对于我远比在学校上课重要得多。加里给了我很多支持和鼓励，让我在领导力、团队建设方面学到了很多。他让我充满激情和活力，这是我在商场打拼的内在力量。"

阿伦刚加入家族企业时，正值公司处于艰难时期。之后情形好转，他承担了更高的领导职责，30多岁时开始出任公司 CEO。他始终坚持向周围人虚心请教，担任 CEO 之后的首要工作就是筹建顾问委员会，并将其视为自己的支持体系。他说："犯错误是在所难免的，因此我希望身边有这样一群人，他们真正地关心我、爱护我，他们能够防止我犯某些错误，在我犯错时，帮助我解决问题。有他们在，我就能更加聚焦，更大胆地往前走，更快速地实现发展。他们的无私奉献，我无以为报，唯求把公司做好，不辜负他们的一片苦心。这是我的职责，我的承诺，也是我的使命。"

最好的导师，是你的直接领导，因为他能经常观察你，给你及时反馈。为了加速人才培养，有些企业已开始率先使用数字技术，方便大家给予反馈、接收反馈以及评价反馈。比如，要求领导实时给反馈，至少每周与下属沟通一次；与此同时，还要求下属评价领导反馈的有效性。如果这样的做法没有得到普及，那么领导反馈这件事就有点儿像撞大运了。当然,你还可以向上级领导或者公司外部的朋友、老师寻求帮助。但不管怎样,一定要把心思放正,把着眼点放在自己的能力提升及学习成长上。

在你主动寻求指导帮助时,也许会招致来自同僚、老板或其他人的猜忌,这样的反应往往源于恐惧,你处理起来要特别谨慎小心。

## 高潜案例

家得宝公司首席董事邦妮·希尔在回溯自己的成长经历时,对我说:"我真的从没梦想过,有一天自己能做到现在这样。从小家庭破碎,高中险些辍学。结婚不久,我先生还得了心脏病。当时唯一想的,就是千万别让自己还在襁褓中的孩子,将来靠领救济过活。"就是这样朴素的愿望,促使她完成了本科学习。

从那以后,她边工作边学习,拿到了硕士及博士学位,并先后担任了一系列要职,比如美国凯撒铝业及化工集团下属子公司凯撒中心的副总裁、美国邮资委员会(Postal Rate Commission)主席、美国教育部助理部长、老布什总统的消费者事务顾问、美国加利福尼亚州前州长皮特·威尔逊的顾问。此外,她还是很多知名企业的董事,其中包括家得宝公司、百胜餐饮集团以及好时公司。

在希尔的职业生涯中，经历过很多次职业跨越，从私营企业到公益基金，从政府机构到大学校园，"每一次改变都是一个新的开始，都充满了挑战，但我从来没有犹豫退缩"。

主动跳出舒适区，是希尔职业生涯的一大主题。第一次是在凯撒中心，当时她负责该中心下属的"马克斯教育学院"，旨在帮助加利福尼亚州奥克兰市（Oakland）家庭艰难的孩子以及服刑人员的子女，争取更好的教育机会。在一次理事会上，她提出辞职。理事们很吃惊，纷纷问她："你想做什么呢？"她回答说："那我说说，我不想干什么吧。我不想做公关，也不想做人力，我想做业务，对整个业务的经营业绩负责。"许多理事是经验丰富的高管，其中包括凯撒集团的CEO康奈尔·梅尔。他问："那你的财务水平怎么样？"她坦言道："现在很烂——但我能学，我学得很快。"一番讨论之后，凯撒中心的负责人蒂姆·普里斯特建议希尔先换个岗位，出任负责规划管理的行政经理，与此同时，帮助自己解决凯撒中心目前正面临的公关危机。

这次公关危机的起因，是凯撒中心举办了一次现代艺术展，本来没什么大事，但展出后争议很大，公司方面正在考虑是不是要撤展。普里斯特把这个难题交给了希尔，希尔没有推诿，"结果是解决得非常圆满"。

几个月后，普里斯特让希尔全面分析中心经营的整体情况，给他提些建议。希尔回忆说："当时我也不知道是为什么。"两个月后，她被正式任命为凯撒中心的副总裁。

在担任凯撒中心副总裁期间，希尔还是奥克兰市商务局的顾问委员会成员。一次，商务局为赢得联邦政府及国会的支持，推动当地经济发展，组织代表团去华盛顿访问。普里斯特建议希尔参团前往。这次旅行改变了希尔的命运。

在华盛顿时，商务局负责人邀请希尔参加晚餐会，应邀出席的还有几位里根总统的幕僚。晚餐会上，希尔与其中两位女士聊得很好，于是她们邀请希尔第二天去参观白宫。由于时间有限，在那次白宫之行里，希尔并没有见到里根总统，但她见到了白宫新闻秘书詹姆斯·布拉迪。布拉迪热情友好，衬衫袖子卷着，给希尔留下了深刻的印象。

就在当天，里根总统和布拉迪遇刺⊖。"听到消息，我

---

⊖ 1981年3月30日，里根总统在华盛顿希尔顿饭店召开的一次集会上发表演讲，在他走向自己的轿车时遭到枪击，胸部受伤，他的新闻秘书布拉迪和两名随行军官也受了伤。——译者注

非常震惊。当天晚上,我给邀请我参观白宫的一位女士打了电话,问她总统及布拉迪的伤势如何。我如此关心,她很感动。从此我们一直保持着联系。两年之后,我收到了来自白宫的电话,问我愿不愿意去华盛顿,去联邦政府就职。"希尔说。

"说实话,当时我很矛盾,为此还请教了梅尔和普里斯特。梅尔说:'这是难得的机会,你一定要去。家就在这里,随时都能回来。'"

就这样,希尔开启了新的职业发展,迎来了一个又一个人生跨越。在担任一系列政府要职之后,她出任了美国弗吉尼亚大学麦金塔尔商学院院长,还担任了多家知名企业的董事,并成功带领其中几家企业走出了困境。每一次,她都迎难而上,不断地学习成长。

除了自己努力,她身边还有很多良师益友,给了她莫大的支持与鼓舞。她说:"当初最艰难的时候,我决心要通过学习来摆脱贫困。我很幸运,身边一直有人推着我、带着我向前走。读本科时,我创造了历史,用最短的时间拿到了学位。就在那时,我的导师说:'现在人人都有本科学历,要是想脱颖而出,你还要继续深造下去。'在加利福尼亚州州立大学读硕士时,我的导师就坚持要我去加利福尼亚州伯克利分校攻读博士学位。就在报名截止的当天，他还给我打电话，敦促我去报名。他说：'人家还等着你呢！'"

"在我刚开始工作时，大家还不知道什么教练辅导。我很幸运的是，第一份工作就遇到了像普里斯特这样的好领导。他一直在指导我、培养我，让我受益终生。比如，在开会时，很多人不敢提问，他会提醒我，千万别犯同样的错误。多年之后，当我在董事会上听到别人用缩写或专业术语时，我都会问：'请问这个缩写的全称是什么？这个专业术语，能否简单解释说明下？'"

谈到高潜人才成长，希尔特别强调，在职业发展时，不要受制于专业技能。她说："现在不会，不要紧。只要你肯学，知道该学什么，可以向谁学，需要时主动寻求帮助，你就能很快掌握。专业技能不是限制，学习能力才是关键。"

## 外部发展机会

如果是公司人力资源部让你读这本书，那么恭喜你，这说明公司想留你，想培养你。你可以跟他们沟通，看看内部有什么好的成长机会。但有时可能事与愿违，为了进一步发展，你只能去外部寻找机会。

在决定去留之前，首先要想清楚，现在的离开是逃避，还是为了更好的发展。任何工作都有不尽如人意的地方，为了未来的回报，对于这些问题必须忍耐。不要因为一点儿不开心，就轻言放弃。比如，期盼了很久的升职加薪，最终落空。遇到这种情况，先了解一下原因。有时，真正的原因也许与你无关，可能是为了内部平衡，暂时冻结了职级及薪酬调整，也有可能是领导对你另有任用。

但如果现状是你觉得自己没有成长，直接领导也没培养你，而且没有什么机会进一步拓宽视野、提升技能，那你就得面对现实了。趁着这份工作还没将你消磨殆尽，赶紧行动，积极寻找外部发展机会。千万不要贪恋公司的名气大，就在这里混日子。

寻找外部机会，可以从自己认识的朋友及熟人开始，对那些不是特别熟悉的人也要重视。根据著名社会学家、斯坦福大学教授马克·格兰诺维特⊖的研究，相比强联系，弱联系在找工作方面更有效。因为强联系的人，比如亲朋

---

⊖ 曾经在20世纪70年代专门研究了在波士顿近郊居住的专业人士、技术人员和经理人员是怎么找到工作的，并把研究结果写成了论文《弱联系的强度》，他发现真正有用的关系不是亲朋好友这种经常见面的"强联系"，而是"弱联系"。——译者注

好友，跟你平常接触的圈子都差不多，他们推荐给你的机会，你往往或多或少都知道；弱联系的人，能让你接触到不同的社交圈子，带来你没听说过的新机会。

数字时代给了人们更多的选择。无论是公司招聘信息、业务信息以及员工反馈等，都能从互联网上查个八九不离十。过去两年，我观察到有些企业真正开始不拘一格请人才，极大地降低了学历、名校及大公司背景等硬性门槛，给了高潜年轻人更多的机遇。

一旦发现了好机会，就要做足功课，好好把握。不妨列个清单，把你希望了解的所有问题都写下来，比如公司战略、企业文化、主要客户、主要对手及品牌定位等。对于自己还不太了解的部分，要深入研究，可以查看公司网站、分析师报告以及其他相关报道。一些主要的财经媒体要特别关注，比如《华尔街日报》《纽约时报》《金融时报》，以及《福布斯》杂志、《财富》杂志、《连线》㊀杂志及《快公司》㊁杂志。此外，有些行业专业媒体期刊也要好好研究。

---

㊀ 一本从人的角度探讨技术的杂志，关注技术对政治、文化、社会和伦理道德带来的冲击，被誉为"极客的圣经"，隶属于国际著名杂志出版商康泰纳什集团旗下。——译者注

㊁ 著名的前沿商业媒体品牌，长期聚焦于商业与科技的创新领域，发行量与营业额长期跻身于美国期刊的前五位之列，也是全球历史上成长最快的媒体品牌。已发行中文版杂志《快公司》。——译者注

有些研究工具供你参考，除了大家都知道的谷歌、百度，还有邓白氏（Dun & Bradstreet）咨询公司旗下的 D&B Hoovers，能够提供上市公司的各种信息；《华尔街日报》的研究部门，能够提供有关企业领导者、财务状况、分析师评级以及同行业对比等很多信息分析；领英，能够方便查阅是否有熟人正在该公司工作。也许你还有更多了解企业的私房方法。收集信息，并不意味着竭泽而渔，事无巨细一网打尽，而是要帮助你对目标企业有个感觉，看看那里是否能给你带来新的发展机会，与你的价值观及发展目标是否一致。

## 权衡工作机会

面对新的工作机会，大家都会扪心自问："我怎么知道这是正确的选择呢？"无论这个机会是你自己找的，还是猎头找到你的，你都要全面考量。比如，这个机会是否能让你学习、有提升，能否成为今后职业发展的跳板？该公司是否重视人才培养，是否有成体系的人才培养项目？在这个岗位工作之后，是否还有晋升发展的空间？直接领导是谁，他是否愿意帮你，能在多大程度上帮你？

此外，最重要的是，这个工作机会是否符合你的人生使命，是否能给你带来真正的成就感和满足感，是否能让你充满激情？如果这几个问题的答案都是肯定的，那就别太担心自己的短板，比如"在该地区没经验"或"财务分析不擅长"之类的。从自身的优势及热爱出发，并在此基础上发扬光大即可。

亚马逊公司创始人贝佐斯说过，在选择工作机会时，"热爱"是最重要的。根据硅谷知名博客的描述，贝佐斯曾在演讲时说："不要追热点、风口……你要坚定自己，等待机会。如何选择？无论是自己创业，还是在大公司开始新的征程，你都要根据自己的兴趣，选择你热爱的。这是我能给你的最重要的忠告……如果让我在钱和使命之间选择，我会毫不犹豫地选择使命。一门心思赚钱的人，往往会急于把公司卖了套现；铭记使命的人，会坚定地把产品或服务做到极致……有意思的是，最终赚钱更多的，往往是那些选择使命的人……因此，无论做什么，一定要选自己热爱的。"

假设你正就职于某大公司，薪酬相当优厚，发展前景也还可以，只要按部就班，估计就能逐级晋升。这时，有个创业公司的机会找到了你，薪水自然没现在高，也有一定的风险，但只要创业成功，你应该能更有机会快速成长。面对这两个机会，你该如何选择呢？你的风险偏好及承受度肯定是一个重要的维度，但除此之外，你还要想，哪里能给你提供更好的发展平台，能让你有更多的学习提升，能帮你实现更大的事业及个人目标。

不要泛泛而谈，一定要深入实际。通常，大家都认为大企业机会少、发展慢，但你要看到大企业的人力资源管理正在发生重大的变化，高潜能够从企业提供的加速培养项目中获益良多。很多大企业的一把手得益于早年在通用电气、宝洁或雀巢公司受过的正规科班训练。对年轻一代来说，在亚马逊、苹果公司、谷歌、脸书及网飞等公司的经历，也会对他们大有裨益。在大企业工作，学习业界顶级的专业技能及管理体系，能为你的职业生涯打下坚实的基础，将来无论是创业，还是去其他公司工作，都是厚积薄发的过程。在印度，联合利华印度公司已经成为营销领域的"黄埔军校"，很多印度企业的营销副总甚至 CEO 都出自那里。

再次强调，选工作不能光看公司名气，更重要的是看成长机会。当然，这不是说公司名气不重要，你愿意去那些声名扫地或行将就木的公司工作吗？去了那些地方，日后要再想换工作，可就难了。想想当年的安然、安达信。从那里出来的人，在此后的求职过程中，得经受多少冷眼和冷遇啊！世事难料，你能做的，就是多观察、留意，相信你的直觉。如果在过程中发现某些蛛丝马迹，你就要果断取舍。薪水再多、职位再高，也未必值得之后的追悔莫及。

另外，还要关注公司的业务情况及文化氛围。该公司是否能快速调整，适应变化？是否能招到及用好优秀人才？是否能落实执行发展战略？跨部门、地区是否能做到团队协同？听听那里的人是总说"他们"，还是常说"咱们"。

## 做好离职规划

如何离职，如何结束手头的工作，如何做好交接，都会给别人留下深刻的印象，有时甚至几十年后，还有人提起。无论好坏，这些故事会变成你的名声，即便是那些未曾谋面的人，也会由此形成对你的印象。想想大家聊起那些已经离职的人，谈论的都是些什么？大家的关注点是什么？你是否也想以这种方式被别人谈论？心理学上有个"峰终定律"⊖（peak-end rule），即决定人们体验记忆的是两个关键因素，即在高峰及结束时的感觉，而不是所有体

---

⊖ 是由诺贝尔奖得主、心理学家丹尼尔·卡尼曼经过深入研究发现的。——译者注

验的加总或平均。在你即将离职时，你已经无法改变别人对你的高峰感觉了，你能做的，就是给别人留下尽量好的最后印象。在规划离职的过程中，要重点注意以下三点：

- 尊重他人。谈离职，要重点讲讲选择改变的正面原因。

- 平稳交接。做交接，要尽可能周到，让别人舒服上手。

- 保持联系。离职后，要保持联系，将来没准还会遇到。

## 做好入职准备

加入新公司，走上新岗位，最关键的，就是谦虚谨慎。如果你能端正态度，以学习请教的方式展开沟通，别人就会更愿意敞开心扉，与你交流。多听少说，多征求别人的意见；不了解情况，绝不可妄加评论。领导不是光杆司令，级别越高就越依赖他人。水能载舟，亦能覆舟，只有大家支持你，你才能取得成功。初来乍到，如何建立信任？很大程度上取决于你说了什么，以及你是怎么说的。如果心存杂念或图谋私利，早晚会被发现。

好的开始是成功的一半，好的第一印象也能让你加分不少。此后，你还是要继续保持。加入初期的工作重点，就是建立良好的人际关系，多听、多学、多提问。高潜要学会提问，提问要比回答多。你要让大家知道，自己非常希望了解他们的想法、非常需要他们的帮助。与多方建立新的人脉关系，从多渠道收集信息建议，能够让你从多角度观察新环境，加深你对当前情况的理解。前面提到的邦妮·希尔，曾担任凯撒中心的负责人，在其上任之初，就是这么做的。她这么做，是源于她的老板兼导师的教导："他建议我要走出办公室，主动拜访别人、认识别人。我就是按他说的做的，结果很好，的确是开了好头。"

在加入新公司之初，你需要重点考虑以下五点：

- 切忌总说"这件事在我原来的公司是这么做的"。这么说会让人觉得，你认为还是自己原来的办法更好，还活在过去，没有切换到现在，到新公司。即便你原来的办法真的更好，刚来的时候，你也不要说。等到真正把握了新公司的现状，在新公司有了人脉支持，再根据现状，适当借鉴过去的经验。在着力推动之前，要先跟那些希望你成功的人聊一聊，听听他们的意见。

- 不可全盘照搬过去的成功经验。大家除了听你怎么说，还会看你怎么做。做事情时，切不可全盘照搬过去的成功经验。过去的成功只能说明过去，过去的经验只适用于原来的公司环境。加入新公司，老办法就不一定奏效了，尤其是去到不同的国家，面对不同的文化。因此，你要根据现在的新情况，找到解决问题的创造性新方法。这不仅是对自己负责，也是对公司负责。

- 提高自我觉知能力。你的情绪会影响身边的人，但别人的反应会不尽相同，所以你不能想当然地认为，新公司与原来都一样。有意识地提高自我觉知，留意观察别人的反应，然后再主动调整自己的风格。

- 如果遭遇质疑，要把焦点放在未来的共同目标上。当艾伦·穆拉利在2006年9月临危受命开始担任福特汽车CEO时，有人在开会时公开质疑他："你凭什么做福特的CEO？"言下之意是穆拉利根本不懂汽车行业。此人接着说："要知道，汽车公司面对的，是广大消费者，是2C业务；你是从波音公司来的，波音面对的是航空公司，是2B业务。"虽然被公开质疑，但穆拉利还是保持了尊重，没有与之对峙，而是把焦点放在了未来。他点了点头，问道："福特公司的现状如何？"有人说，目前现金流吃紧，也许已经到了破产的边缘。穆拉利说："公司落入这样的境地，是管理团队的责任。我的职责就是带领大家扭转局势，把公司带上正轨。"他还特别强调说，自己已下定决心，要带领福特的管理团队，走出困境，走向成功。

- 过去的，就让它过去吧。既然加入新公司，就要把原来公司的恩恩怨怨全部放下。过去的，就让它过去吧。比如穆拉利当年在波音，虽然成功主导了波音777机型的研发，也取得了巨大的商业成功，在公司非常受人尊重，但最终还是在CEO大位的角逐中落败。在加入福特时，他真正做到了不念过往，以全新的面貌开始了新的征程。在这里，他很快稳定住了局面，不仅把公司从破产的边缘拉了回来，还保留了绝大部分的原高层，真的把他们打造成了一支胜利之师。

# 第 9 章

## 争取事业、生活双丰收

为了拥有完整的人生，建议你从两个角度来规划自己的职业发展：一是事业成功，二是生活幸福。我认识很多"成功人士"，他们实现了自己的理想，打赢了对手、占据了高位、掌握了权力、拥有了财富，你能想到的各种成就他们都有，但他们失去的是健康、家庭和幸福的生活。还有一类恰恰相反，他们虽然潜力很高，但只专注于"生活幸福"，个人及家庭状况貌似都不错，在事业上却碌碌无为。

很多人认为，事业与生活无法两全，追求一个就得牺牲另一个，但事实并非如此。你必须把两方面都作为重点，在做新的决策时，要求自己兼顾。不管你是因为超级热爱工作，从而忽略了其他；还是因为婚姻不幸，认为把自己埋在办公室里也是一种解脱；或者因为其他什么理由，你要认识到，所有的理由都是借口，只要两者无法平衡，责任就全在自己。你的健康，不仅是身体健康，还包括心理健康，这的确非常重要。长期处于焦虑、压力及灰心失望等负面情绪中，早晚会毁了你的完美人生。

## 事业成功

在我看来，每个人对事业成功的定义都不尽相同，差异在于各自对外界的需要。如果你真的清心寡欲，对外界一无所求，那么估计你很难成为高潜，因为高潜的特质之一就是追求成功，追求卓越。花点儿时间，好好想想，自己追求的究竟是什么，越明确、具体越好，比如高层领导岗位，比如新房、新车，比如给孩子们创造更好的教育机会，比如参与重大决策，影响世界，等等。在这个过程中，不仅要想是什么，还要想为什么。你想要更大的权力及影响力，是为了证明自己的重要性，还是为了拥有权力的兴奋感，或者是为了造福世界的使命感？

在第 7 章中，我们提到过基兰·库玛·格兰迪，他是印度最大的基础设施建设公司 GMR 集团的高管。他选择投身于印度基础建设事业，是"因为想为社会做点儿实事，想改变当地的生活条件。当我在印度各地出差，看到自己参与建造的机场高速公路，回想当初在整体环境非常低效的情况下，克服种种困难最终完成了这些大型项目时，心中充满了骄傲。基础设施建设这一行的确很适合我，而且我很热爱这一行"。

以终为始，能让你少走不少弯路。如果有了更强的实力，你会做什么？比如挣钱，对你而言，个人财务究竟是自己成功程度的记分牌，照顾家庭的工具，拓展阅历的途径，还是帮助他人的能力？如果目标不清，一味追求金钱，不仅会让人牺牲了友情、亲情，还会让人迷失自己，甚至走上歧途。

如何探寻自己要的究竟是什么呢？不妨快进，遥想自己退休的时刻。在庆祝晚宴上，你需要致辞，简要地回顾自己的三大事业成就。你会说什么？这三件事为什么对你这么重要？你能从中学到什么？遥想未来，能帮你规划现在。

## 生活幸福

要想生活幸福，工作选择是个不能回避的重要问题。

在选择工作时，光看是不是符合自己的专长，是不够的。你要想这份工作本身，以及你工作的过程，能不能给你自在的满足。也许有的工作看着挺好，在大脑理性分析的层面，是个上佳的选择，但内心似乎总有个声音告诉你哪里不对。这种心脑不一，是不会让你快乐的。

那么，如何判断工作是否能给自己带来内在的满足呢？有几个简单的标准供你参考：

- 忠于自我。工作的成就感，在很大程度上取决于工作与自己价值观的契合度。在每天的忙碌中，是否有空间让你施展自我，尤其是那些你最珍视的部分；是否有机会让你忠于自己，做自己喜欢的事，而不是仅仅满足别人的期待，或达到组织的要求。比尔·乔治是全球知名的美敦力[一]（Medtronic）公司的传奇董事长兼CEO，因其业绩卓著，赢得了很多殊荣。自2004年起，他开始在哈佛商学院任教。在撰写的领导力专著《真北》[二]（True North）一书中，他特别强调，卓越的领导

---

[一] 成立于1949年，总部位于美国明尼苏达州明尼阿波利斯市，是全球领先的医疗科技公司，致力于为慢性疾病患者提供终身的治疗方案。——译者注

[二] 领导力经典著作。作者深入采访了当今全球顶尖的125位领导者，旨在帮助人们成为一个遵循内心呼唤的真诚领导者。——译者注

者必须忠于自己，坚守自己的信念。这样"真实"的领导者，更能赢得别人的信任，更能与他人建立联结。他们的坦诚相见，更能够激发他人，让大家做得更好。

在他职业生涯的关键时刻，正是因为忠于自我，才做出了正确的选择。那是1988年的秋天，他正开着车在明尼阿波利斯市的乡间穿行。当时他已从美敦力公司辞职，加入了规模大很多的霍尼韦尔公司，担任执行副总裁。他回忆道："其实美敦力公司一直想请我做总裁，但我拒绝了，而且那已是十年间的第三回了。最主要的原因是公司规模太小，与我期待的舞台有一定的差距……那天开车的时候，我扫了一眼后视镜，突然看到了一个迷茫、痛苦，正处于煎熬中的自己……公司政治斗争激烈，通常我都能视而不见，但那时的我却深陷其中。为了给高层留下好印象，我甚至开始刻意地改变形象，用起了袖扣——这是我以前从没干过的事。就在那一刻，我清楚地意识到，霍尼韦尔不适合我，在那里工作无法让我骄傲自豪。"于是，他回到了美敦力。"六个月后，当我作为新任总裁走进美敦力时，一种回家的感觉，油然而生。"

在规划职业发展的下一步时，一定要问自己，这个机会是否能让你展现真实的自己，是否能允许你成为让自己骄傲自豪的领导者？

- **富有意义。**长久以来，人们都很重视工作是否有意义，是否能让人充满使命感。在选择职业发展机会时，很多成功的领导者将之看得很重，超过了收入、晋升机会以及工作稳定性。什么是有意义？就是内心确信，自己的工作很重要，能让别人乃至世界因自己而不同。著名的耶鲁大学心理学家艾美·瑞斯尼斯基指出，人们对待工作的态度有三种：打工、事业及使命。对于有些人，工作只是打一份工来挣钱养家，仅此而已；对于有些人，工作是一份事业，他们希望获得更高的职位地位，赢得更大的事业成功；还有些人把工作看作一项使命，他们渴望为社会创造价值，并从中获得极大的满足感。

    要想充分激发自己的潜能，你就要持续寻找，找到那个能让自己真正觉得有意思、有意义，让自己充满力量，给自己带来满足感、成就感的工作。这样的事，本身就是极大的动力，能让你在逆境中百折不挠，在长远发展中更具恒心毅力，更能实现远大的目标。

- 全心投入。全心投入是一种几近忘我、完全沉浸的状态。在进入这种状态时,你会全然专注在工作中,外界的一切都无法打扰你,时间的流逝你也会全然不觉。用体育界的话来说,就是"进入状态"了。运动员只有真正进入状态,才能创出佳绩。在这种状态下,人是忘我的,无法体察自己的感受;能否经常进入这种状态,对人生的幸福感、成就感影响很大。美国著名心理学家、"积极心理学之父"马丁·塞利格曼㊀就认为,这是"真正幸福"的关键要素之一。

你不妨回溯自己的工作经历中有没有过这样的状态:那时你在做什么?是在指导他人,制定战略,领导团队,与人合作,突破创新,发表演讲,撰写文章,学习新知,还是落地执行,看到成效?不管让你进入状态的是什么,这种状态都会让你成为更好的自己、更好的领导者。因此,在规划职业发展时,你是否应当为自己创造更多这样的机会呢?

- 发挥优势。研究表明,人们在发挥优势,尤其是

---

㊀ 美国著名心理学家和临床咨询与治疗专家,积极心理学的创始人之一,主要从事习得性无助、抑郁、乐观主义、悲观主义等方面的研究。——译者注

自己的天赋才华时，成就感最强。那么，不知道自己的天赋才华是什么该怎么办呢？回望过去，能帮你洞见未来。比如，你小时候，什么最吸引你？当身边没人时，你最喜欢做什么？你做什么做得特别好？什么时候你最开心？如果你不记得了，可以问问陪伴你成长的人，比如父母、兄弟姐妹、同学、朋友等，跟他们聊聊会让你更好地了解自己，更知道自己未来该做些什么。

要想更为系统地了解自己，你可以试试盖洛普的优势识别器 2.0，这是著名的调研公司盖洛普基于 50 多年的研究开发出的测评工具，旨在帮助人们发现并发挥其天赋优势。在《盖洛普优势识别器 2.0》一书中，作者汤姆·拉思一一阐述了对职场成功最为重要的 34 种优势。根据盖洛普的研究，如果在工作中能够经常用到乃至充分发挥自己的天赋优势，人们的工作效率会更高，心情也会更愉快。

- 他人反应。说起自欺欺人，其实不然。我们能欺骗自己，但很少能欺骗别人。他人的反应就是一面镜子，能如实展现出自己的样子。比如，通常人们都愿意与真心快乐的人在一起，那么有没有人真的享受跟你在一起呢？在交往过程中，别人是否真的喜欢你、尊敬你呢？不一定非得说出来，有时一个眼神交流，就一切尽在不言中。再比如，别人跟你在一起时是什么状态，是否兴奋，是否放松？如果别人不喜欢跟你在一起，会是什么原因？会不会是因为你太过注重事情本身，对人关注不够，不仅是忽略了别人，也忽略了自己的生活幸福？

因此，在展望未来职业发展时，你应当兼顾事业及生活。要诚实地面对自己，想想事业成功究竟意味着什么，为达到事业目标，你愿意在生活上放弃什么。与此同时，你也要反思过去，问问自己："回看过去，如果一切重来，会想有什么改变？面向未来，如果重新启程，要做出什么改变？"

定期重新审视，平衡好事业及生活，会让你在20年后回望人生的历程时，心中不会充满后悔与内疚。

GMR集团高管格兰迪说："当事业成功时，人们很容易忽视家庭及朋友。五年前，我意识到自己就是这样，并从此开始改变。现在我尽可能少出差，出差会尽量带家人一起。家里重要的纪念日、孩子们的生日，我都会预留出时间。总之，我会有意识地提醒自己，我要的是平衡的人生。"

## 精神健康

人生在世,压力如影随形。工作中,我们多少会有些压力,有些焦虑。我们希望自己的工作有意义,从中获得成就感,获得应有的回报。与此同时,我们又会有些担心,不知道自己做得怎么样,是不是应当更进一步。即便达成了某个阶段的目标,我们的满足感都不会持续很久,因为很快又有了新的目标,又开始向一个更大的挑战迈进。

有点儿压力固然不是坏事,但过于焦虑,就会让人陷入恐惧、害怕,引发一系列不良的身体反应,比如肠胃不适、食欲不振、睡眠不好、头晕胸闷,严重时甚至会导致抑郁。这样就适得其反了。

当自己陷入焦虑恐惧时,身边的人也会受到影响。在这个高度互联的时代,你的情绪会波及团队、部门乃至整个公司。我们都听说过这样的故事:某某领导经常提出特别过分的要求,经常训斥辱骂做错事的员工,等等。这种行为本身极具破坏性,不仅会导致别人也陷入焦虑恐惧,而且对目标达成完全于事无补。

工作中大家面临的各种压力很多,比如临期赶工,害怕做错挨骂,害怕不能达成业绩目标,等等,不一而足。

需要提醒你注意的是，不适合的岗位也会令你感到焦虑不安。当然，工作之外的压力也会影响到工作。

作为领导，你的职责是创造健康的工作环境，帮助大家疏解压力、排遣焦虑。遇到困难，坦诚面对，看看有哪些可能的办法，分析有哪些内在的风险，大家共同探讨，一起解决。目的就是要变压力为动力，激励团队迎难而上。

要帮助大家，首先要做好自己，要正确认识压力。如果认识正确，压力也能变成好事。只要有挑战、有竞争，就会有压力，但这些也会给你带来快乐与欣喜。压力是好是坏，在很大程度上取决于你怎么看。

斯坦福大学学者凯利·麦格尼格尔发现，身体对压力的反应，取决于你对压力的认识。如果你认为压力是有害的，你的血管就会膨胀，血压就会升高，还会同时引发其他负面的身体反应。如果你认为压力是有益的，压力就会让自己兴奋刺激，而你的血管不会膨胀，身体也就不会出现负面反应。当面对压力时，你怎么看？是恐惧害怕，还是兴奋刺激？改变自己的认知，让压力成为前进的动力。

高潜天生就是喜欢挑战自己的人，而且他们给自己选的往往是超级挑战，是常人所不能及的，但他们有勇气，有自信，有种必胜的信念。然而，即便是自信满满的高潜，也需要处理好压力与焦虑。当事情的发展出现偏差时，当下属提出你回答不了的问题时，当诸多不顺出现在面前时，会不会影响你的信心、情绪？努力工作，也要关心自己。看看自己最近有没有经常发脾气、喝闷酒、心烦睡不好？想想你现在的岗位是不是真的适合你，工作、生活有没有平衡？

需要时，主动寻求帮助，家人、朋友、公司里的导师、公司外的高管教练等。如果当前的岗位真的不适合，你决定改变现状重新起航时，一定要找那些能让自己进一步学习成长，能让自己实现人生梦想的机会。是高潜，就需要舞台，不断释放自己的潜能。

## 坚持初心

很多高潜志在高远，想超越前人，想突破一切不可能，成就一番了不起的大事业。那么，你的人生梦想是什么？

100多年前，汽车还是只属于富人的奢侈品，但亨利·福特有个梦想，就是要让生产汽车的普通工人也能买得起汽车。在那个时代，大家都觉得他疯了。谷歌创始人谢尔盖·布林和拉里·佩奇早在大学时代就确定了自己的创业梦想:"组织全球信息,人人皆可享有。"⊖ 也许这有点儿狂妄,但绝对极具远见。只要能做到,就不是妄想。

这些极具颠覆性的高潜人才,不需要问自己的梦想是什么,因为他们早就形成了这样的愿景。他们不会受制于当前的境遇,不会被种种艰难险阻吓倒,他们会一往无前,直至成功。他们能超越现在,洞见未来。这就是为什么他们能看到客户未来的需求。乔布斯就是这样的典范,他永远在构想"下一个划时代的伟大产品"。不仅如此,他追求的是极致,是"超越常人想象的伟大"。一次又一次,他真的做到了。

不仅科技行业无疑有许多这样的璀璨之星,各行各业都有这样坚持梦想的人,比如宜家公司的创始人英格瓦·坎普拉德。坎普拉德的创业始于第二次世界大战前,当时他做的是邮购业务,卖的东西很杂,包括笔、珠宝及家具。随着战后重建带来的蓬勃需求,家具的业务规模日益增长。1951年,年仅25岁的坎普拉德砍掉了其他业务,开始专注于家具生意。从一开始,他就坚持低价格、低成本,但做廉价家具并不是他的梦想,他的梦想是要"为大

---

⊖ 这句话的英文原文是 "To organize the world's information and make it accessible"。——译者注

众创造更加美好的日常生活"⊖。

坎普拉德在讲话及文章中反复强调这一愿景，并用实际行动践行着自己的梦想，即"为大众提供种类繁多、设计精良、美观实用且买得起的家居用品"。他将之称为一个"概念"，但哈佛商学院的公司战略教授辛西娅·蒙哥马利则认为这是一个"使命"。蒙哥马利认为，"使命是一家公司存在的核心意义。明确定义了公司的使命，大家就知道这家公司为什么存在，会给社会创造什么价值，与其他公司有什么不同"。60多年来，宜家公司一直蓬勃发展，不仅业绩持续增长，而且足迹遍及全球。

很多成功的创业公司源于其创始人的使命感，这就是中国人常说的初心。奇普·康利是精品酒店行业的前驱，早在20世纪90年代的互联网时代，年仅24岁时，他就创建了位于美国旧金山的精品连锁酒店集团Joi de Vivre⊜（简称JDV）。这家标新立异的独特酒店，一开业就风靡一时。在几年之间，公司年收入就超过了1亿美元，经营规模也扩大到了17家店。但好景不长，之后的互联网泡沫

---

⊖ 这句话的英文原文是"create a better everyday life for the many"。——译者注

⊜ Joi de Vivre是法文，字面意思是生命的快乐，其含义是生命之中，快乐无处不在。——译者注

破灭，令公司业绩一落千丈，康利也心灰意冷，一度想把公司卖了。

几近绝望之际，他去逛了逛书店，想看看有什么能帮助自己走出困境。无意间，他看到了美国心理学家亚伯拉罕·马斯洛的《存在心理学探索》，书中马斯洛阐述了其最著名的需求层次理论[一]。康利几年前就读过这本书，但就在那天的无心翻阅中，一个灵感突然降临，他恍然大悟，原来破局的出路，就在于此。

在接受 *Inc.*[二] 杂志迈克·霍夫曼的采访时，康利说："那天拿起这本书随便翻翻时，我突然回想起自己创业的初心。刚开始，就是希望标新立异，与众不同，但马斯洛提醒我，应当深入挖掘，探究自己更深层次的需求，我为什么要这么做。当初给公司起名时，Joi de Vivre 并非一时的心血来潮，因为我想要的是为自己和他人在工作中创造无处不在的快乐。这才是我的初心，所以我才会想做酒店。"

---

[一] 需求层次理论指的是，人类的需求就像阶梯一样分为 5 个层次，从低到高分别是：生理需求、安全需求、社交需求、尊重需求和自我实现需求。——译者注

[二] 美国唯一一份以发展中的私营企业管理层为关注点的主流商业报刊，不仅为当今的企业创新提供实际解决方案，还为企业管理层、财务、营销、销售及科技部门提供实践工具及市场发展策略。——译者注

"通过酒店,我们会接触到很多人,并在很多层面服务着他们。如果我们秉承初心,就能让他们的生活不再单调乏味,就能帮他们在生活中找到快乐。这就是我们要做的。"此后,JDV 酒店开始聚焦商务差旅人士,还推出了水疗按摩及晨间瑜伽等特色服务。到 2011 年,JDV 旗下已有 33 家酒店,年收入达到了 2.4 亿美元,康利也基本完成了套现退出。他认为,自己的成功主要源于坚持了初心,为人们在工作中创造无处不在的快乐。此后,他写了几本书,分享自己的心得体会。因为理念一致,他于 2013 年受邀加入了爱彼迎。与此同时,他还创建了 Fest300 公司,旨在推出"全球节日的终极指南"。与 JDV 酒店一样,这也源自他的初心。

千万不要小看自己的兴趣爱好。宾夕法尼亚大学的心理学家安杰拉·达克沃思发现,很多成功人士的共同点是他们有坚毅的品质。坚毅的品质,源于对事物本身的热爱以及对长期目标坚持不懈的追求,而且要比天赋、智商、运气以及强烈渴望等其他因素,对成功的影响更大。性格坚毅的人,往往会投入更多的时间精力,在面对困难挫折时,也会更有勇气、毅力。她说:"坚毅就是锁定目标,坚持不懈。即便摔倒,即便失败,即便进展缓慢,即便前路受阻,都坚持不放弃。"要想做到坚毅,热爱是前提。要找到自己热爱的领域，然后坚毅地勇往直前。

读到这里，你需要停下来，想一想自己的初心是什么。也许你不需要像乔布斯那样，创造"下一个划时代的伟大产品"，但你需要有梦想、使命、意义，既要符合你的价值观，又要有实现梦想的路径。不忘初心，坚持寻找，好的想法、合适的机会早晚会与你相遇。当梦想与现实合二为一时，你会充满力量，每天早上会兴奋地起床，开始新一天的工作。一切艰难险阻都无法阻挡你向着目标前行的步伐。印度国父甘地的一生，可谓饱经忧患，艰辛坎坷，但他始终坚持非暴力抵抗，历尽困苦，矢志不渝，最终带领印度人民赢得了国家独立。如果没有坚定的信念，如何能坦然接受常人无法承受的磨难，如何能越挫越勇，走到最后？

如果你的目标还不够明确，还不足以激发出自己百分百的投入，先别着急，继续寻找。如果你已然投入过头，已经影响到了自己的身体健康以及家庭关系，先放松下来，平衡一下生活。

有时，高潜人才身上的这种强烈渴望以及坚定不移，会让身边的人有些不舒服，尤其是那些正在被你大步超越的人。但你无法控制别人的反应，你能做的是自己做好心理准备。

不管怎样努力奋斗，不要为了转瞬即逝的兴奋而牺牲了身体，忘记了友情、亲情。你的能力，你的毅力，你面对挫折时的坚韧，你对自己的潜力、目标及机会的把握，会让你走得更长，走得更远。这些远比一时一刻的成功，更重要。

## 高潜案例

现在我们来看看阿伦·格林布拉特的心路历程。

本书的第 8 章曾提起过他。他 30 多岁，是一家总部位于美国新泽西州的医药公司的 CEO。该公司叫 G&W Laboratories，创建于 1919 年，创始人就是格林布拉特的曾祖父。在他 25 岁加入家族企业时，正值困难时期，当年收入仅为 2016 年的 1/8。他从 30 多岁开始担任 CEO，不仅带领公司成功渡过了难关，其自身还取得了快速成长。但这只是开始，他对公司未来，还有更为远大的构想。

这样的远大构想，究竟有没有可能实现呢？面对这个问题，他回答："这就需要有坚定的信念。信念有很多种，有宗教信仰上的，也有事业追求上的。但不论坚信的是什么，都有个共同点，就是相信'未知'，即相信那些当下还看不见的、证明不了的，或尚未成为事实的东西。对于未来，我有远大的构想、前进的方向、努力的目标，但具体的路径是什么，过程中的每一步该怎么走，还有很多现在还不确定需要不断细化的内容。"

他补充道："至少有一点是确定的，即向着更高的目标努力肯定不会是件轻松的事，一定会要求你走出原来的舒适区。对此，你要坚定不移。"

走出舒适区，正是他这么多年心路历程的主题。

在十几岁时，他就决定今后要投身于家族企业。既然如此，大学就得专攻药物学。虽然当时他的理科成绩并不好，但他还是硬着头皮，迎难而上，最终以优异的成绩完成了学业。用他的话说，就是"把舒适区强行改造成非舒适区"。

毕业后，家族企业正面临困境，亟须扭转颓势。"当时各种棘手问题层出不穷，比如财务问题、定价问题、供货问题、质量问题等。质量问题绝非小事，必须与美国食品药品监督管理局进行交涉。记得在我入职的第一周，新任的总裁就启动了公司重组。"

"那次重组将几个相关部门合并，成立了供应链管理部，而我就是该部门的负责人。上任后，首要工作就是人员调整，尤其是迫不得已得请一些不适合新架构的老员工离开。与此同时，我还需要规划未来，如何用两年时间筹措到足够的资金，保证供应链的正常运转，强有力地支撑公司整体的业务发展。"

从加入公司的那天起，他的每项工作，从产品包装到供应链，再到业务拓展，都是之前没干过的。"一路走来，真是步步艰辛。对我，每一步都是新挑战，但我要领导的，又都是经验丰富的'老江湖'。此外，我还要在这些当时还不熟悉的领域做出重大的管理决策，把握更大的发展机会。这样的情况，肯定不是什么舒适区。"

他的目标，是带领公司跨越"10亿美元"大关，实现几十亿美元的年收入。能给自己设定如此极具挑战性的目标，估计他这辈子都与舒适区无缘了。"我很了解自己，很清楚自己的价值观、梦想和使命。一旦有了这个基础，你需要做的，就是在这个基础上搭建自己的人生，其中也包括交什么样的朋友，用什么样的人。"

"父亲就是我的精神导师。在我很小的时候，他就帮助我认识自己，了解什么对我真正重要。正因如此，我才能看到自己的潜能，才会树立清晰的目标。明确了意义，才会有动力，走出舒适区。当工作与核心价值观高度吻合时，你的生活会充满和谐、平静、喜悦与感恩。对我而言，这才是真正的人生。看到自己的创业热忱，看到自己对组织发展、团队建设的全心投入，不仅帮我明确了自己在事业上的发展方向，也帮我指明了自己在能力上的努力方向。这能让我更好地聚焦，活出自己的使命——帮助他人释放他们的潜能，成就他们的梦想。"

找准自己的梦想与使命，平衡自己的事业与生活，绝非易事。这需要你投入时间精力，需要你定期审视自己，有没有忘记初心。但只要你坚持这么做，回报也会是巨大的，因为你在内心中知道，你正在绽放自己的潜能，正在活出自己的使命。

# 组织篇

The High Potential Leader

# 第 10 章

# 选拔培养高潜领导者

新时代已经来临,很多企业已经开启了数字化转型。如何在新时代生存,是每家企业都必须面对的课题。转型路上,不能仅靠企业家一人单打独斗,必须靠一支极具战斗力的高潜领导队伍,才能推动落实、灵活调整。

企业在高潜人才方面,究竟做得怎么样?不妨参考以下问题,认真思考一下:

- 我们有没有强有力的领导梯队,让能赢在未来的高潜领导者不断涌现?

- 我们的高潜管理工作,相比于竞争对手,是否具备明显的竞争优势？

- 我们的高潜选拔标准，面对快速变化的外部环境，有没有过时？

- 我们的高潜培养方式，是否愿意冒些风险，为高潜创造跨越性的成长机会？

- 在促进高潜领导者加速成长的过程中，能否解决好相应的组织及人员问题？

也许是时候全面反思企业的高潜人才工作了。基本原则有以下4项：

- 高潜人才是公司资源。高潜人才是属于整个公司的重要资源，而不是专属于某位领导的个人资产。高潜人才的招聘、选拔、培养、任用，要从公司整体大局出发，以公司整体利益为准。这意味着，各级领导不能为了本部门的自身利益而长期霸占潜力高的下属，阻碍他们的快速成长。

- 高潜培养要因人而异。高潜人才培养，要走个性化的路子，要为其设计有针对性的成长路径。正如新时代的客户越来越要求个性化服务，我们的高潜培养也必须如此。数字技术的普及，使个性化的绩效反馈及日常跟进成为可能。

- 高潜成长责任在自己。高潜人才要对自己的成长负责,因此要积极参与,主动提升自身能力,主动寻求成长机会。

- 高潜培养必须要提速。高潜人才快速成长,对于公司是好事。要给他们更大的挑战,让他们从中得到历练,更快掌握相关能力。按部就班的传统晋升路径,对于高潜也许不太适用,这样也许会让你失去他们。

找到高潜,帮助他们加速成长,持续优化提升高潜梯队,是企业家必须做好的关键要务。

## 高潜选拔标准

如果苗子选错了,再怎么培养,成效也不会太好。要想培养高潜领导者,就必须区分两类人:高潜个人贡献者,以及高潜领导者。

要想赢得别人的尊重乃至敬仰,你必须有过人之处,或者是某方面的专家。如果除了专业能力,还能兼具某些领导能力，你也许可以逐步成长为某个职能条线的某级领导。

然而，并非某个领域最牛的专家，就适合担任企业的一把手。有人认为，只有成为企业一把手或高层领导，才算事业有成，才能获得足够的物质回报，才能带来满足感和成就感。为了追逐最高职位，他们刻意把自己勾画成一把手的样貌。其实这样做，对组织，对自己都是无益的。建议大家利用第 2 章的"自我测评工具"进行测评，看看自己究竟是个人贡献者，还是领导人才。

公司在选拔高潜领导人才时，一定要看此人的领导能力如何，切不可因为某人特别聪明，特别精通某个领域，就想当然地认为他也能做领导。好的领导未必是专业大牛，但能够将各种牛人有效组织在一起，达成共同目标，也是了不起的本领。

因此，在制定高潜领导选拔标准时，要注意区分专家与领导的区别。此外，标准也不能太多。有的公司动辄就列出三四十条，这实在太多了。建议大家将标准分成两类，一是前提条件，比如人品，如果人品有问题，那就免谈；二是基本要求，比如本书提到的五项能力要求就很有广泛的适用性。尽量精简的标准才会让各种类型的高潜人才涌现出来。每个人都是独具特色的，完美的人也是不存在的。要想找准高潜，公司高层需要与熟悉他们的人多沟通、了解。在这个方面，高层必须与全公司的各级领导通力合作。

达信保险经纪有限公司是世界领先的风险管理与保险咨询公司，是 MMC 集团（Marsh & McLennan Companies）旗下的子公司。2015 年，该公司 CEO 彼得·扎菲诺和 CHRO 玛丽·安妮·埃利奥特希望提升公司的高潜人才工作，于是他们从选拔标准入手。

为了充分考虑个体及环境的独特性，他们决心放弃传统的一刀切式的选拔标准。"我们要找的人，是能够带领公司赢在未来的人。他们要有数字思维，要懂数据分析，要了解数字技术，要符合公司未来的发展战略及业务方向的要求。他们必须能与人协作，尤其是能有效地促成跨部门乃至跨组织的协同合作。我们没有列出选拔标准清单，而是将每个人视为一个独特的整体，充分考虑其面对的独特环境。比如，同样是当领导，在纽约和在首尔，方法肯定不同；同样是管业务，尚未成形的新业务与规模稳定的老业务，也会不同；同样是管职能，销售和财务，也会不同。"

为了做好选拔工作,他们的足迹遍布全球。但凡公司有业务的国家,他们都亲自前往,与当地的各级领导进行深入细致的沟通。这当然要花时间,花精力,但非常值得。"全球业务发展,需要全球人才支撑。法国的高潜长什么样?南非的呢?美国的呢?只有亲自深入一线,才能获得最为翔实准确的一手信息。"这次高潜人才选拔,他们从4500名候选人中初步锁定了200名重点培养对象。除了培养方式不同,对这200名高潜的激励政策,也可谓独具匠心。除了大家都有工资奖金,他们年终还有机会获得由CEO直管的特别奖金。

越来越多的公司为了促进人才内部流动会定期发布岗位招聘信息。这是实现人岗匹配的好方法,能帮企业找到既有兴趣又有能力的合适人选。不仅如此,这还能帮助公司发现高潜,尤其是那些愿意尝试新事物、敢于做出常人意想不到选择的人。

谷歌在发现人才方面,也是独具匠心。拉斯洛·博克是谷歌负责人力资源工作的高级副总裁。他介绍说:"我们公司招聘的绝大部分是技术专家,属于个人贡献者,但我们很看重领导力,希望每位新人都是高潜领导者。我们想要的人必须有主动性,遇到困难敢于顶上,但不贪恋权力,在需要移交给他人时,也能欣然配合。如果在招聘过程中发现某人过于骄傲自大,不能与人协作,哪怕只是细微的迹象,我们也会毫不犹豫地将其剔除在外。加入公司后,也必须证明自己。只有确认胜任后,才能获得提拔。在这点上,我们和麦肯锡的做法是一致的。"

## 高潜培养方式

除了要反思高潜选拔标准,还要反思高潜培养方式。高潜需要挑战,你应当把他们放到陌生的环境里,考验他们、历练他们,让他们在克服困难中快速成长。要想成将军,就得上战场。虽然自我成长的责任最终在于高潜自己,但公司也要帮助他们寻找乃至创造加速成长的机会。

在彭博公司的网站上有个专栏:《我是怎么做到的?》。在那里,很多企业领导者讲述了自己的成长故事。你不妨关注他们从基层到一把手,经历了多少个岗位。特蕾西·梅西是美国玛氏公司北美区的 CEO,她的经历就极具代表性。加入公司之初,她在生产制造部门工作,之后去了财务部门。对此,她回忆说:"当时我在财务及会计方面一点儿经验都没有,于是我尝试了很多工作,从计算工资到收款,到做预算,到管控,整个学了一遍。"后来,她又被调去做业务,直至做到北美区 CEO。我特意数了一下，在过去 26 年里，她经历了 7 个工作岗位，但其中只有少数是真正加速成长的岗位调动。当今时代，企业都在大力缩减组织层级，这样的培养方式已不再适用。

如果暂时没有现成的机会，你就需要为高潜创造机会。比如，平行调动，虽然职位没有提升，但他们需要面对新的挑战，比如不同地区、不同职能或不同业务。

要记住，如果没机会快速成长，高潜就会离开。因此，有时你必须为他们打破常规。这个快速变化的数字时代，要求企业能够迅速调整，重新定位，但有些身居高位的资深领导恰恰缺乏这种能力。他们虽然在过去业绩辉煌，但也许并不具备在新时代生存发展的能力。时代变了，竞争格局变了，对人的要求也会随之改变。让有潜力的年轻领导者为组织带来新思维、新视角、新尝试，也许是一举两得的上策。对此，你要做好准备。

面对市场环境的变化，除了人员调整，企业还要思考组织架构以及岗位职责是否需要调整。2016 年 8 月，IBM 宣布招聘首席学习官（chief learning officer，CLO），这是从未有过的全新岗位。既然是新岗位，为何不考虑让高潜新人担纲？很多企业的人力资源部门也在转型之中，正在调整角色定位，尝试新的管理工具与方法。在这种情况下，也许相比于那些习惯原有模式的资深人力资源领导，选用高潜新人来推动转型是更好的选择。要认识到，这些岗位是对高潜阶段性的历练，而不是永久性安排。在现阶段，这样的安排，对个人、组织都好。

另外，也可以考虑邀请高潜领导者参加企业高层的战略研讨，这样的研讨能提升高潜的格局，让他们从自身部门看到企业全局；还能拓展高潜的视野，让他们看到其他部门、职能、业务以及外部的不同视角与观点。高潜的加入，也能帮助高层了解数字技术、市场潮流，尤其是年轻消费者，所谓"新新人类"的不同思维及生活方式。

此外，有别于传统的培训学习经历也是培养高潜的有效方法，比如第8章提到的联合利华印度公司在培养管培生时，把他们放到充满不确定性的陌生环境中，让他们快速适应、快速做出成果。在达信保险经纪有限公司，还会为高潜安排导师。比如，在亚洲，高潜有机会跟公司高级副总裁级别的高管讨论行业形势、当地业务战略以及自己的职业生涯规划，而且还有机会与公司其他高管交流。这是人力资源部门正在大力推动而且密切跟进的重点工作。

教练辅导也是不错的选择。此前有些人对此有成见，觉得教练辅导是在帮扶后进分子，其实不然。现在大家

## 第 10 章 选拔培养高潜领导者

普遍认为,这是荣誉,是公司看好你,愿意在你身上投资,是对你为公司做出巨大贡献的肯定与奖励。对高潜来说,这能有效帮助自己快速成长。高潜在面临新岗位、新领导、新部门、新业务、新地区等诸多方面的挑战时,如果身边能有人不仅了解自己、为自己着想,而且还能指导自己迅速适应变化,帮助自己取得成功,将是件多么幸福的事。教练可以是人力资源部门的专家,可以是业务领导者,也可以是外聘的对公司情况特别了解的高管教练。

还可以鼓励高潜领导者自己寻找公司之外的学习机会,比如选择相关培训课程,或参加相关组织等。G100[一]就是这样一个面向 CEO 的组织,每年会举办 3 次论坛,邀请演讲嘉宾,组织会员 CEO 相互学习交流。正如前面谈到的,高潜要对自己的成长负责。

循序渐进的高管培训课程通常能让高潜接触到新的管理思想、管理实践、管理工具及方法。如果能学以致用,假以时日,就会有较大的提升。

此外,有些培训项目还会有意识地把不同行业、不同文化背景的高管集中起来,让他们彼此分享、相互学

---

[一] 一个帮助企业领导者更好地运营企业的社交组织,旨在培养未来的企业 CEO 以及企业高管。——译者注

习，拓展他们的视野，突破自己固有的思维定式。在这种项目中结下的友谊，有些能持续终生。比如，哈佛商学院的 AMP 项目⊖就是这样。在项目正式开始前，会提前几个月将参训高管进行分组，尽可能保证多元化。与此同时，还会布置小组作业，让身在不同国家的小组成员们共同完成。项目结束后，很多人成了好朋友，并会长期保持联络。

有些大公司的内部培训做得很好，成为培养高潜的重要手段。最为大家熟知推崇的，就是通用电气公司。这样高质量的内部培训，不仅能让高潜学习业务发展中的实战案例，还能认识很多不同部门、不同职能的同事，有效拓展自己在公司内部的人脉网络。

## 各级领导支持

要为高潜创造有挑战的工作机会，要帮助他们加速成长，完成关键性的跨越，听上去确实有些风险。但换个角度想，如果他们真的能战胜挑战，开辟出一片新天地，那么他们能为公司创造多么巨大的价值！正是因为有风险，

---

⊖ 全称为 Advanced Management Program，即面向企业高管的集中强化培训项目。——译者注

在选拔、培养高潜时，人力资源部门一定要确保信息准确、方法正确、判断靠谱。

要想加速培养高潜，必须有公司上下各级领导的大力支持。对此，通常的做法是将人才发展作为一项KPI，加入各级领导的绩效考核。但是，这并不是包治百病的灵丹妙药，更需要认真面对的是以下常见问题：

- 现任领导不想放。所谓"自己挣钱自己花"，对于效益好的部门，部门领导会想把利润及资金用于本部门的未来发展及当期激励。钱要留住，人自然更要留住。在这个问题上，公司的人力资源部门需要发挥引导作用，一是要奖励先进，大力表彰那些为公司培养、输送人才的领导，二是不能让"雷锋同志"吃亏，有出也得有进，要把优秀人才调入这样的部门。

- 高潜自己不想调动。对此，要深入了解其不想调动的真正顾虑是什么。在面临调动时，高潜需要考虑家庭，比如孩子及配偶不想搬家，尤其是赶上孩子马上就要升学这样的关键时刻。此外，工作方面的因素也要考虑，比如很喜欢现在的领导，觉得还能从其身上学到很多东西。面对这种情况，不能一刀切，要区分对待。公司方面也要想：这个调动是不是能助其快速成长、提升重要技能、完成关键跨越的唯一选择？如果很多人不愿意去某个岗位，公司也要想究竟是为什么。有的公司，出于历史原因，公司总部位于相对偏远的地区，因此大家不太愿意去。

- 接收领导不想要。尽管所有领导都知道，培养人是自己的重要职责，但如果接收新人的风险太大，他们也会三思而后行。比如，如何让新人尽快融入、尽快上手，让队伍尽快稳定下来。如果进入角色需要的时间太长，那么业务就会受到影响；如果不能融入团队，那么忙了半天还得换人。这都是非常现实的考虑，公司总部及高潜本人都需要认真面对。

## 深入考察研讨

企业一把手及人力资源负责人要密切跟进每位高潜人才的成长，对于其工作表现及成长情况，需要定期考察，及时反馈。高层领导要定期讨论高潜人才的整体状况，比如人才储备情况如何，会不会出现青黄不接的情况，能不能应对未来业务的挑战。这样的讨论，至少每年要进行两次。很多优秀企业对此非常重视，建立了有效的高潜人才管理机制，比如美国医疗保险巨头安森（Anthem）保险公司、通用电气公司、美洲银行及高露洁等。

在考察高潜的成长情况时，必须实事求是。高潜的直接领导需要定期认真评价，不能只有寥寥几句结论，也要深入思考结论背后的观察、依据及分析过程是什么。业绩不等于能力，业绩好不一定潜力大；没完成业绩指标，也不一定就是无能之辈。要把主观因素与客观因素分开，对某些影响重大且不可控的外部因素，比如宏观调控、严格限购等，要区别对待。业绩结果并不能说明一切，一定要深入分析结果背后的根本原因是什么。

对于那些正在经历关键跨越的高潜，要重点关注他们具体在哪方面取得了显著的进步与提升。比如，是不是在收集信息、分析情况、整理头绪、形成思路及聚焦重点方面形成了一套快速有效的方法？

这样的定性评估光靠人力资源部门不行，还需要业务领导者的认真投入。当四五位领导分享各自的观察结果，深入挖掘探讨时，大家对某个人的认识与判断就会深刻很多，也准确很多。这样的集体研讨能帮助大家看到及纠正对自己的偏见，提升整体的决策水平。

在集体研讨时，可以通过追问具体事例的方式深入挖掘，比如对某位高潜，有人认为其有"战略思维"，你就要追问，因为战略思维是个宽泛的概念，不同人的理解会很不同。有一次，四位集团高管正在讨论高潜人选，正好谈到一名30多岁的年轻人将来是不是有潜力成为集团的营销副总，甚至是一把手。这名销售经理的业绩虽不是最拔尖的，但也算比较突出的了。此外，他很善于培养、招聘人，而且与客户和同事的关系也不错。在讨论过程中，一位高管提到，他有战略思维。我不禁追问道："能不能举个例子？"这位高管说，他曾经建议对客户群进行细分，对于高端客户，不再是简单地卖产品，而是另行聘请专业的销售团队，根据客户的实际情况，为客户提供量身定制的解决方案；对于其他客户，则通过互联网及呼叫中心等加以覆盖。这个建议的确非常了不起，能使公司一下子从激烈的竞争中脱颖而出。

在一次类似的研讨会中，恰巧也有位领导评价他的一名爱将极具战略思维。具体实例是什么呢？他说这名经理调整了销售激励机制，提高了销售队伍的业绩。这是重要的战术调整，但还不能上升到战略的高度。

除了业绩指标的完成情况，还可以考量其他一些重要但经常被忽略的维度，比如能促成跨部门团队及上级领导做出关键决策，能根据细微之处，敏锐捕捉到对方没有直接表达出的深层含义，等等。要想真正帮助高潜成长，还要了解他们各自的特点，能做什么，不能做什么，都要心中有数。有一次在研讨时，有人如此评价道："她的确潜力很大。虽然现在管的业务规模不大，但作为业务一把手，她取得的成绩，大家有目共睹。她敢于构想大的创意，而且会付诸行动，非常坚持。但就创意本身来看，细节上还不太经得起推敲。之前我跟她讨论过，说实话，我的感觉不太好。"这样的负面感觉，也许还不足以马上就对此人下结论，但的确需要重点关注。当然，完美无缺的人，也是很难找的。

那么，什么样的缺陷会导致出局呢？那就是品质问题，比如某人总是投机取巧，钻空子抄近道，渐渐失去了大家的信任。如果发现得早，也许还能改变，但通常是本性难移。比如特别贪婪，特别看重薪酬，总是要求升职加薪，经常将别人的工作成果据为己有；比如特别自恋，经常会伤害到身边的人。如果这种情况没被及时发现，或者听之任之，让他们不择手段地爬上高位，这对组织，对他人，对他们自己，都将造成极大的危害。我见过不少这样的实例，有的后来需要接受心理治疗，有的甚至进了监狱。人力资源部门要对此负责，对这样的迹象、这样的人，一定要密切关注，不可姑息。

对高潜的持续关注，可以借助数字技术，比如他们的基本情况、目前的工作安排及下一步的提升重点等。但技术也不是万能的，对人的了解、与人的关系，还是需要定期沟通面对面接触的。

## 招募吸引高潜

既然是高潜，就会引起其他公司的注意，就会出现高潜被挖的情况。对此，你要做好准备，要打造强大的招聘能力，持续吸引新的高潜加入。你要敢于突破传统，大胆尝试新的招聘渠道和方法。很多人力资源领导开始在招聘方面另辟蹊径，比如通过举办竞赛来挖掘高潜，或通过在线测评来初步筛选。在看到为之心动的优秀人才时，他们还会主动打破原有的条条框框，不拘一格请人才。

建立公司在人才招聘、培养方面的口碑声誉固然有所帮助，但指望公司名气大、名声好就能一劳永逸的好日子已经一去不复返了。高潜更看重的，是工作的意义。谷歌公司人力资源高级副总裁博克先生说："做出超酷的产品，成为市场第一，已不能满足高潜的要求。他们追求的，是更高层面的意义，是要对整个社会有所贡献。不光只有年轻人才有这样的诉求，40 岁、50 岁、60 岁的人都有。"

谷歌的使命是改变世界，很多优秀人才正是因此被感召而来。其实，每家公司都应该明确自己的使命，正如高潜需要了解自己的初心一样。博克先生举例说，美国创业公司 Thumbtack⊖就是这样，其业务规模已经超过了 10 亿美元。"最初的创意源于乔纳森·斯旺森，该公司的创始人之一。他认为生活不该那么复杂，找人修水管、帮忙遛狗、指导健身这样的日常琐事，应该用更便捷的方式搞定。这可以开启业务，但还不足以吸引人才。在招聘时，他们会说，很多小企业主很善于做业务，但不知道如何打理公司，我们公司就是要帮助他们，让他们的生活更美好。这样的使命才有感召力，才能吸引英才。"

博克还补充说："真正的高潜领导者通常渴望做出不同寻常的伟业。因此，快速成长的业务以及陷入困境的业务，很可能比四平八稳的业务，对他们更有吸引力。人力资源相关负责人应与公司高管共同讨论，找到最能吸引他们加入的机会。"

---

⊖ 美国一家提供本地服务的公司，旨在帮助用户们对接当地各种专项服务的专家。——译者注

要想做好高潜工作，必须持之以恒，必须真心实意。走个形式，敷衍了事，是不可能产生实效的。要与每位高潜面谈，向他们介绍公司在高潜工作的新理念、新方法，既强调个人成长的最终责任在于每个人自己，也强调公司在培养他们、帮助他们释放潜能方面的投入决心。请他们认真阅读本书，想象希望在哪个方面重点提升自己，需要什么样的关键跨越历练自己。要提醒他们，能力提升是个持续练习的过程，在这个过程中要做到不放松、不放弃。

此外，还要定期与高潜及其直接领导沟通，看看高潜的成长情况如何。对他们自己想重点提升的领域，不仅要关注结论，还要了解具体事例。人力资源条线负责人要做好培训工作，确保负责高潜工作的各位同事都真正理解公司的新理念、新方法，能够与高潜本人及其直接领导进行有效沟通。

还要借助数字技术、在线工具，及时了解高潜的情况。如果某人总的说来做得不错，但在某个具体方面亟须提高，可考虑指派内部导师、外聘教练、参加专门培训项目等方式，有针对性地进行辅导。

最后，在帮助高潜加速成长方面，除了要时刻提醒自己不要过于保守，还要注意不要越俎代庖。